Interaktive
Whiteboards
im Unterricht

Das Praxishandbuch

Schroedel

Interaktive Whiteboards im Unterricht
Das Praxishandbuch

Autoren
Ulrich Gutenberg
Thomas Iser
Christian Machate

mit Beiträgen von Alexander Tschakert

 An verschiedenen Stellen im Buch finden Sie Verweise auf unsere Internetseite (siehe erste Umschlaginnenseite). Nach einer kurzen Registrierung können Sie dort viele der im Buch besprochenen Beispiele direkt herunterladen und auf weiterführende Links zugreifen.

ISBN 978-3-507-**10414**-3

© 2010 Bildungshaus Schulbuchverlage
Westermann Schroedel Diesterweg Schöningh Winklers GmbH, Braunschweig
www.schroedel.de

Druck A¹/ Jahr 2010

Redaktion: Sören Schmidt
Herstellung: Andreas Losse
Umschlaggestaltung: Joachim Köllerwirth, Dortmund
Layout: Denis Steinwachs, Braunschweig
Satz: Satzteam Bleifrei, Hildesheim
Druck und Bindung: westermann druck GmbH, Braunschweig

Inhaltsverzeichnis

Die Autoren 4
Einleitung 5

1 Mit interaktiven Whiteboards unterrichten
1.1 Voraussetzungen 7
1.2 Gemeinsam ein Tafelbild entwickeln 7
1.3 Dynamische Tafelbilder 11
1.4 Sammeln und Strukturieren 16
1.5 Bearbeiten von längeren Texten 20
1.6 Integration und Analyse von audiovisuellen Medien 21
1.7 Präsentieren am interaktiven Whiteboard 27
1.8 Unterrichtsvorbereitung und Hausaufgaben 29
1.9 Spielerisches Lernen im Klassenverband 32
1.10 Tipps und Tricks für Einsteiger 36

2 Digitale Werkzeuge kompetenzorientiert einsetzen
2.1 Bürosoftware oder Schulsoftware? 39
2.2 Voraussetzungen für das Arbeiten mit digitalen Werkzeugen 42
2.3 Mediendidaktische Positionierung 43
2.4 Von der Informationserschließung zur Präsentation 45

3 Beispiele aus der Praxis
3.1 Hinweise zum Kapitel 51
3.2 Geschichte am Zeitstrahl 52
3.3 Texterschließung durch Visualisierung 55
3.4 Sprachen lernen: Englischunterricht mit Hörbeispielen 58
3.5 Sachfilmerschließung im naturwissenschaftlichen Unterricht 63
3.6 Spielerische Mathematik 67
3.7 Geometrisches Konstruieren 71
3.8 Bilderschließung in der Kunsterziehung 75
3.9 Erdkunde als Medienfach 80

4 Interaktive Whiteboards und Peripherie
4.1 Hard- und Software verschiedener Anbieter 91
4.2 Peripheriegeräte 94

Bild- und Textquellen 99

Die Autoren

Ulrich Gutenberg lebt in Göttingen und beschäftigt sich seit 20 Jahren mit der Integration digitaler Medien im Unterricht. Seit 2001 publiziert er seine mediendidaktischen Überlegungen zur Digitalen Schulbank („Dischba"). Als medienpädagogischer Berater in Niedersachsen am Kreismedienzentrum Göttingen koordiniert er die landesweite Arbeitsgruppe „Medienkonzepte und Beratung". Unterrichtspraktische Erfahrungen schöpft er an seiner Stammschule, dem Grotefend-Gymnasium Hann. Münden. Mit einem Lehrauftrag zur „Einführung in die schulische Fachdidaktik Geografie" und einer Kooperation mit der Koordinationsstelle Lehrerbildung an der Georg-August-Universität Göttingen verbinden sich Unterrichtspraxis, Lehrerbildung und strategische Weiterentwicklung der pädagogisch-didaktischen Intentionen. Sein derzeitiger Schwerpunkt ist die sinnvolle Konvergenz von technologischen Entwicklungen und den Vorstellungen von „gutem Unterricht".

Thomas Iser lebt und unterrichtet in Hamburg. Bereits während seiner Lehramtsausbildung in Bamberg, Ellesmere Port (U.K.) und Göttingen lotete er die schulischen Möglichkeiten digitaler Medien aus. Seit 2001 ist er am Wilhelm-Gymnasium in Hamburg als didaktischer Berater für die Schulentwicklung im Bereich Lernen mit Neuen Medien zuständig. Unter anderem koordiniert er die schulweite Integration der interaktiven Whiteboards, für welche die Schule im Jahr 2009 mit dem INTEL-Schulpreis in Gold ausgezeichnet wurde. Seit 2007 gibt er als Berater und Dozent in der Lehrerbildung u. a. für das Landesinstitut und die Universität Hamburg seine Erfahrungen an andere Lehrende und Schulen weiter und moderiert das „Whiteboard-Forum", eine Plattform für „Interaktive Whiteboards in Schulen".

Christian Machate lebt als Realschullehrer und Fachseminarleiter für Geschichte in Göttingen. Seit dem Jahr 2008 ist er als Mitautor beteiligt an dem Geschichtslehrwerk „denk mal". In den Jahren 2002 bis 2009 arbeitete er zusammen mit Ulrich Gutenberg im Kreismedienzentrum Göttingen als medienpädagogischer Berater. In dieser Zeit lernte er die Arbeit mit interaktiven Whiteboards kennen. Seine Schwerpunkte sind die „Digitale Filmerschließung mit dem Whiteboard" und das Bestreben, Unterrichtsmodelle zu entwickeln, die einen schülerzentrierten und handlungsorientierten Umgang mit dem Medium im Unterricht fördern.

Einleitung

Das vorliegende Praxishandbuch möchte Impulse für den angemessenen alltäglichen Unterricht mit digitalen Medien geben. Der Einsatz von interaktiven Whiteboards, welche hier auch digitale Tafeln genannt werden, ist ein Ausgangspunkt dafür, wie Unterrichtsentwicklung im Gleichschritt mit technologischer Entwicklung gestaltet werden kann.

Als Bedienungs- oder Klickanleitung für die Handhabung dieser Tafeln ist dieses Buch nicht konzipiert. Es bietet auch keinen Marktüberblick mit Anspruch auf Vollständigkeit, vielmehr stehen die pädagogisch-didaktischen Perspektiven digitaler Medien für den Unterricht im Blickpunkt. Es ist deshalb hilfreich, wenn grundlegende Vorstellungen zu digitalen Wandtafeln schon bestehen und die Leserin oder der Leser vielleicht sogar schon die eine oder andere praktische Erfahrung mit interaktiven Whiteboards machen konnte.

An der unmittelbaren Praxis orientiert, werden Unterrichtsbeispiele verschiedener Fächer und Schulformen aufgegriffen. Dabei wurde Wert darauf gelegt, dass die Beispiele den Blick auf die Möglichkeiten schärfen und erweitern. Digitale Wandtafeln sind seit fast 20 Jahren auf dem Markt. Erst in den letzten Jahren sind sie jedoch im deutschen Bildungsbereich vermehrt wahrgenommen worden. Die Wahrnehmung dieser neuartigen Technologie wurde stark vom englischsprachigen Bildungsmarkt geprägt, da dort flächendeckend die Schulen mit solchen Systemen ausgestattet wurden. Von dort gelangten umfangreiche Unterrichtsmaterialien als Beispiele für modernen computergestützten Unterricht nach Deutschland. Gerade diese Beispielanwendungen weckten einseitige Vorstellungen, dass diese Tafeln nur eine andere technische Variante des Frontalunterrichts hervorbrächten (interaktive Tafelbilder).

Deshalb ist es auch nicht verwunderlich, dass im Zuge bundesweiter Bildungsstandards und kompetenzorientiertem Unterrichtsverständnis die Bedeutung dieser Tafeln auch kritisch gesehen wird. Da mittlerweile der Markt der Anbieter verschiedenster technischer Lösungen relativ unübersichtlich geworden ist, beherrschen neben den üblichen reinen Technik- und Wirtschaftlichkeitserwägungen auch fast ideologisch geführte didaktisch-pädagogische Positionen die Diskussion. In diesem Handbuch wird deshalb versucht, mit nach vorne gerichteten Anregungen und praxiserprobten Beispielen aufzuzeigen, wie die digitale Wandtafel als Präsentationsmedium und darüber hinaus auch als zentraler Projektionsort in einem computergestützten schülerorientierten Unterricht eingesetzt werden kann. Das Praxishandbuch bietet in Kapitel 1 einen Einstieg in die Nutzung der digitalen Wandtafeln, wobei in diesem Kapitel exemplarisch immer wieder auf die Bedeutung der eigentlichen Lernoberfläche, einer didaktisch konzipierten Lern- und Arbeitssoftware für die interaktiven Whiteboards, die Aufmerksamkeit gelenkt wird. Die Beispiele im Einstiegskapitel gehen von einer digitalen Wandtafel in einem herkömmlichen Klassenzimmer aus, in dem die Schülerinnen und Schüler nicht computergestützt an ihren Plätzen arbeiten.

Das zweite Kapitel stellt die medienkonzeptionelle Bedeutung des Zusammenspiels von Tafelprojektion und Schülerinnen- und Schülerarbeitsplätzen auf der Basis von boardeigener didaktisch konzipierter Lern- und Arbeitssoftware, die Schulsoftware genannt wird, in den Mittelpunkt. Anhand eines überfachlichen Themas „Von der Informationserschließung zur Präsentation" werden die Zusammenhänge exemplarisch in Anbindung an die Bildungsstandards erörtert.

Das dritte Kapitel konkretisiert an unterschiedlichen Fächern mit Praxisbeispielen die aufgezeigten Möglichkeiten und Chancen, wenn neue Hard- und Software mit den herkömmlichen Unterrichtsmitteln konvergieren. In diesem Kapitel ist es hilfreich, die im Kapitel 1 und 2 aufgezeigte frontal und integrativ angelegte Einbindung digitaler Wandtafeln im Unterricht in den kurzen Zusammenfassungen am Ende dieser Kapitel nachvollzogen zu haben. So führt das Buch über grundlegende Einstiegsinformationen (Kapitel 1) zu medienkonzeptionellen, integrativen Vorstellungen (Kapitel 2) hin zu konkreten, z.T. komplexen Unterrichtsvorhaben. Es ist aber ebenso möglich, mit der Praxis im letzten Großkapitel einzusteigen und nur bei Bedarf auf die ersten beiden Kapitel zurückzugreifen.

Da im Handbuch aufgezeigt wird, wie bedeutsam eine didaktisch-pädagogisch orientierte Lern- und Arbeitssoftware als Denk- und Arbeitswerkzeug ist, sind die Beispiele tendenziell anbietertypisch und beschränken sich auf die beiden Marktführer. Insgesamt waren wir davon geleitet, möglichst allgemeingültige Anregungen zu geben. Den Transfer in andersartige Schulsoftware und Hardwarevarianten digitaler Wandtafeln kann nur in der eigenen Arbeitsumgebung erfolgen.

Ulrich Gutenberg, Thomas Iser, Christian Machate
im Januar 2010

1. Mit interaktiven Whiteboards unterrichten

1.1 Voraussetzungen

Im ersten Teil dieses Handbuches wollen wir die Möglichkeiten interaktiver Whiteboards im *klassischen* Unterricht vorstellen. Wir gehen dabei davon aus, dass Schülerinnen und Schüler von einer Lehrkraft *im Klassenverband* unterrichtet werden. Wesentliche Neuerung ist die Ausstattung des Raumes mit einem interaktiven Whiteboard mit Multimedia-Computer, welches anstatt oder ergänzend zur Kreidetafel vorhanden ist. Ein Internetanschluss wäre wünschenswert, ist aber nicht zwingend erforderlich für die grundlegenden Einsatzmöglichkeiten, die wir im ersten Kapitel vorstellen wollen.

Für die Unterrichtsvorbereitung benötigt die Lehrkraft zu Hause einen Rechner mit der whiteboardspezifischen Tafelsoftware (z.B. Promethean Activ-Studio, Smart Notebook, o.ä.) und möglichst einen Internetzugang. Sollten Sie mit einem Whiteboard arbeiten, für das es keine pädagogisch-didaktische Software gibt, so ist es möglich, mit einer Vielzahl anderer, oftmals als Freeware erhältliche Programme, zu arbeiten und die Tafelbildfolien in einem Präsentationsprogramm wie Microsoft PowerPoint zu gestalten; wesentlich einfacher und komfortabler ist aber das Arbeiten mit den für die Schule entwickelten Boardsoftwares, weshalb man bei der Anschaffung eines Whiteboards dies auch im Blick haben sollte.

Im Folgenden stellen wir vor, wie die interaktiven Whiteboards beim Lernen im Klassenverband und den dazugehörigen Hausaufgaben sinnvoll und mit Mehrwert gegenüber herkömmlichen Unterrichtsmedien eingesetzt werden können.

1.2 Gemeinsam ein Tafelbild entwickeln

Bei der Arbeit im Klassenverband spielt die Tafelarbeit im Rahmen der Ergebnissicherung aber auch bei der Entwicklung von Problemlösungen eine wichtige Rolle. Interaktive Whiteboards bieten neue Perspektiven zur Gestaltung von Tafelbildern im Klassenraum. Eine völlig neue Art des planvollen Schreibens ist durch die digitale Tafel möglich geworden.

Die wesentlichen Unterschiede im Überblick:

Grüne Tafel / Weißwandtafel	Digitale Tafel
Feste Größe des Schriftbildes nach Erstellung eines Anschriebes	Veränderbarkeit der Größe des Schriftbildes
Farbe vorher durch Wahl des Schreibgerätes festzulegen	Farb- und Formänderungen nachträglich möglich
Nur Handschrift verfügbar	Texterkennung möglich
Anschrieb muss dort erfolgen, wo der Text am Ende zu sehen sein soll	Anschrieb dort, wo es sinnvoll und/oder bequem für den Schreibenden ist
Position fest	Positionsänderung jederzeit möglich
Hilfsmittel wie Lineal/Geodreieck notwendig	Hilfsmittel digital verfügbar
Lediglich wenige Zusatzmaterialien wie Bilder können angeheftet werden	Alle digitalen Materialien (Bilder, Tonbeispiele, Videos…) frei auf dem Tafelbild integrierbar

Aufgrund dieser gravierenden Unterschiede bietet das interaktive Whiteboard deutlich verbesserte Verschriftlichungs- und Visualisierungsmöglichkeiten. Die umfangreichen digitalen Materialien aus den whiteboardspezifischen Lernprogrammen, begleitenden Lehrwerksmaterialien oder dem Internet helfen dabei, sich an den Bedürfnissen des Lernprozesses der Klasse sehr spontan orientieren zu können. Im Unterschied zur grünen Tafel, wo die Lehrerin oder der Lehrer in jeder Stunde vor dem Dilemma steht, entweder seiner Klasse zu sehr ein „fertiges" Bild überzustülpen oder ihr einen eher unübersichtlichen Tafelanschrieb zu überlassen, lassen sich anschauliche Anschriebe nun *materialreich gemeinsam entwickeln*. Und nicht nur dieses: die Auseinandersetzung am Whiteboard über die treffende grafisch-gestalterische Umsetzung einer Fragestellung oder eines Themas bietet häufig auch hervorragende Gesprächsanlässe zum diskursiven inhaltlichen Austausch in der Lerngruppe.

Ein Beispiel aus dem Sachkundeunterricht der Grundschule: „Wie entsteht Regen?" ist ein Thema, bei dem die Lehrerin oder der Lehrer mit verschiedensten Vorkenntnissen rechnen muss. Insofern bietet es sich an, dieses Thema am Tafelbild mit der Lerngruppe zu entwickeln. Um den Kreislauf des Wassers vom Verdunsten über den Aufstieg wassergesättigter Luft zur Wolkenbildung und späteren Abregnens bei Abkühlung verständlich zu machen, benötigt man vor allem geeignete Abbildungen, die man nun natürlich selbst am interaktiven Whiteboard zeichnen könnte. Zeitsparender setzt man passende Abbildungen aus der Boardsoftware ein. In der Materialsammlung der Promethean Software ActivStudio z. B. findet man Wolken, Regentropfen und strahlende Sonnen, die für die Erstellung des Tafelbildes genutzt werden können. Selbst eine geeignete *Landschaft* lässt sich per Textsuche unter diesem Begriff finden. Per *Drag & Drop* werden die Bilder dann auf eine leere Seite gezogen und das Nachdenken in der Klasse kann beginnen.

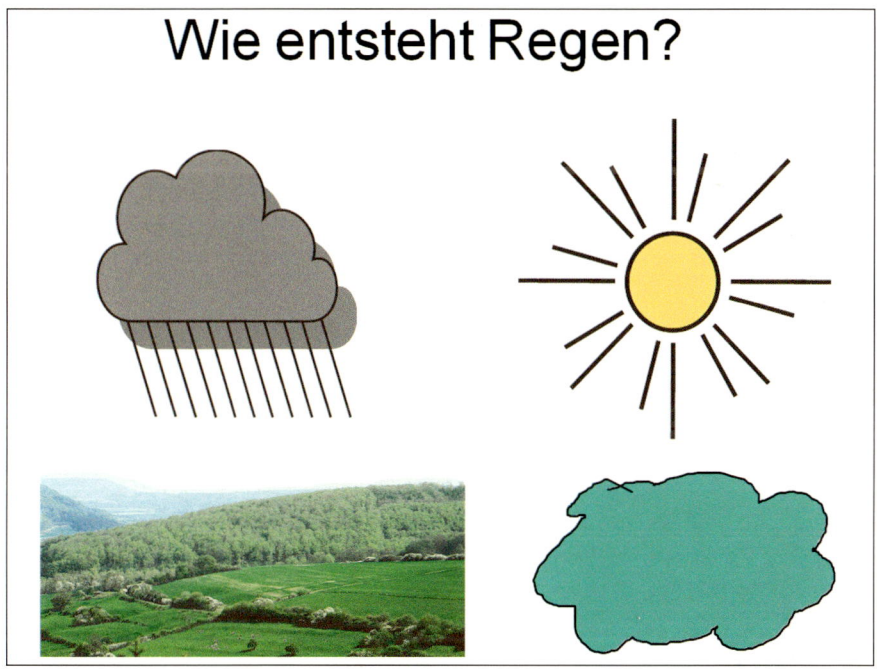

1.1: Leeres Blatt mit Wolken, Sonne und Landschaft, wie es z. B. aus der Material-sammlung einer Whiteboard-Software erstellt werden kann

Besser als an der grünen Tafel können die Schülerinnen und Schüler nun versuchen, mit Hilfe einer sinnvollen Anordnung der Objekte und Linien einen Sinnzusammenhang herzustellen. Das Phänomen wird erklärt, um dann anschließend den Regenkreislauf handschriftlich am Whiteboard zu beschriften. So lassen sich anschauliche und ansprechende Tafelbilder gemeinsam mit der Klasse entwickeln. Je nach pädagogischer Zielsetzung können diese zur Ergebnissicherung abgeschrieben, als Ausdruck oder als digitale Datei zur Verfügung gestellt werden.

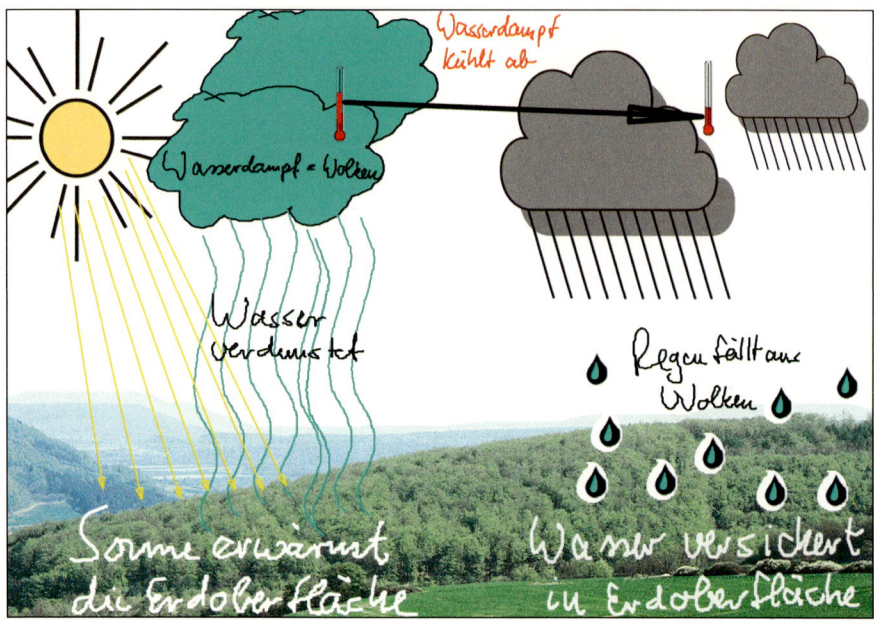

1.2: Wasserkreislauf nach Erarbeitung in der Klasse

Nicht nur bei schwächeren Lerngruppen bietet es sich an, Tafelbilder vollständig zu Hause vorzubereiten und in den Unterricht mitzubringen (vgl. hierzu Kap.1.7). Jedoch nicht, um sie der Klasse „fertig" zu präsentieren. Wenn Sie die Einzelteile Ihres Tafelbildes auf einer zweiten Seite der Datei in Unordnung bringen, besteht die Herausforderung für die Klasse darin, die vorbereiteten Bausteine des Tafelbildes zu einem sinnvollen Ganzen zusammenzufügen. Der Denkprozess auf dem Weg zum Ganzen wird gerade durch das Verschieben und Zuordnen der Einzelteile und Textbausteine am Whiteboard nachvollziehbar. Dabei kann die Lehrerin oder der Lehrer aber auf die Schülerideen eingehen und ggf. vom vorgefertigten Tafelbild abweichen, um gelungene Schülerlösungen aufzugreifen. Ein hohes Maß an Flexibilität und damit Orientierung an den Vorkenntnissen und Bedürfnissen der Lerngruppe wird dadurch möglich.

1.3 Dynamische Tafelbilder

Ein weiteres Novum hinsichtlich des Schreibens an der digitalen Tafel trägt ebenfalls zur stärkeren Schülerorientierung bei. Da sich alle Objekte eines Tafelbildes (Bilder, Schrift usw.) sehr flexibel und spontan am interaktiven Whiteboard vielfältigst bearbeiten lassen, liegt es nahe, einen neuen Begriff einzuführen: Interaktive Whiteboards ermöglichen, mit *dynamischen Tafelbildern* Zusammenhänge anschaulicher und dadurch für mehr Lerner verständlich darzubieten. Dadurch lässt sich zum einen die Aufmerksamkeit der Lerner an der Tafel besser lenken, zum anderen können komplexe Zusammenhänge mit Hilfe von beweglichen Elementen überhaupt erst verständlich gemacht werden.

Aufmerksamkeit lenken und Interesse wecken

Am interaktiven Whiteboard gibt es verschiedene Wege, um Aufmerksamkeit auf einzelne Text- bzw. Bildobjekte eines Tafelbildes zu lenken. Die Wahl des geeigneten Weges hängt vor allem davon ab, was anschließend mit diesem Objekt im Tafelbild geschehen soll. Die Boardsoftwares bieten leichten Zugriff auf derartige Funktionen, sie können mit Abstrichen aber auch in den herkömmlichen Präsentationsprogrammen genutzt werden.

Drei Grundoperationen sind erkennbar:
- Objekte durch Vergrößern fokussieren
- Objekte erscheinen lassen
- Objekte ins Tafelbild „einholen"

Ohne Vorbereitung kommt das Variieren der Größe von Objekten aus. Textelemente und Bilder lassen sich wie alle anderen Objekte in der Größe leicht verändern. Durch *Drücken und Ziehen* an den Rändern eines markierten Objektes kann dieses vergrößert oder verkleinert werden. Dieses Feature kann man hervorragend dafür nutzen, Gegenstände oder Wörter in den Fokus der Betrachtung zu stellen. Nach dem Motto „*Was groß ist, ist jetzt gerade wichtig*" lässt sich so Aufmerksamkeit an der Tafel bündeln. Mit der Funktion „Rückgängig machen" ↻ stellt man nach Betrachtung die Objekte mit einem Klick wieder „ins Glied" zurück. Um aus einem Gesamtbild, wie z. B. einer Karte, einen Teilbereich temporär hervorzuheben, kann man Einzelbereiche mit dem Aufnahmewerkzeug (Symbol: ▣) aus dem Gesamtbild herauskopieren und die dadurch entstehende Kopie zur Fokussierung größer ziehen.

1.3: Kopierter Ausschnitt wird durch Ziehen am rechten unteren Rand vergrößert.

Der *Bildschirmvorhang* bietet sich als Mittel der Wahl an, wenn die Sicht auf das Tafelbild linear in einer Richtung Stück für Stück freigegeben werden soll – ähnlich der Arbeit mit einem Abdeckblatt auf dem Overhead-Projektor. Der Bildschirmvorhang lässt sich mit einem Klick auf dieses Symbol ⬚ aktivieren und per Ziehen an den Punkten an den Rändern fließend verkleinern.

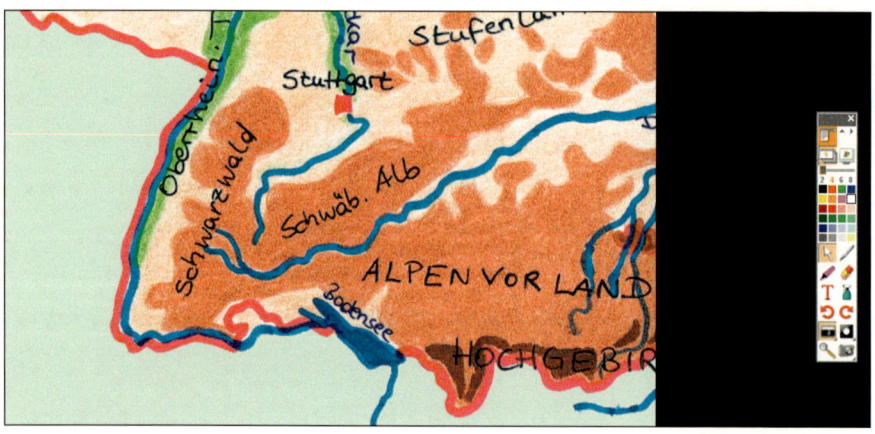

1.4: Bildschirmvorhang (schwarzer Bereich) wird von links nach rechts geöffnet

Etwas aufwändiger dafür aber wesentlich flexibler lassen sich einzelne Objekte ins Tafelbild holen. Man verbirgt sie hinter einer Form, die farblich dem Hintergrund entspricht. So kann man z. B. ein Rechteck in der Farbe des Hintergrundes erstellen, welches über ein Objekt gelegt wird. Durch gezieltes Wegschieben oder Löschen des Rechtecks „erscheint" dann das gewünschte dahinter gelegte Objekt.

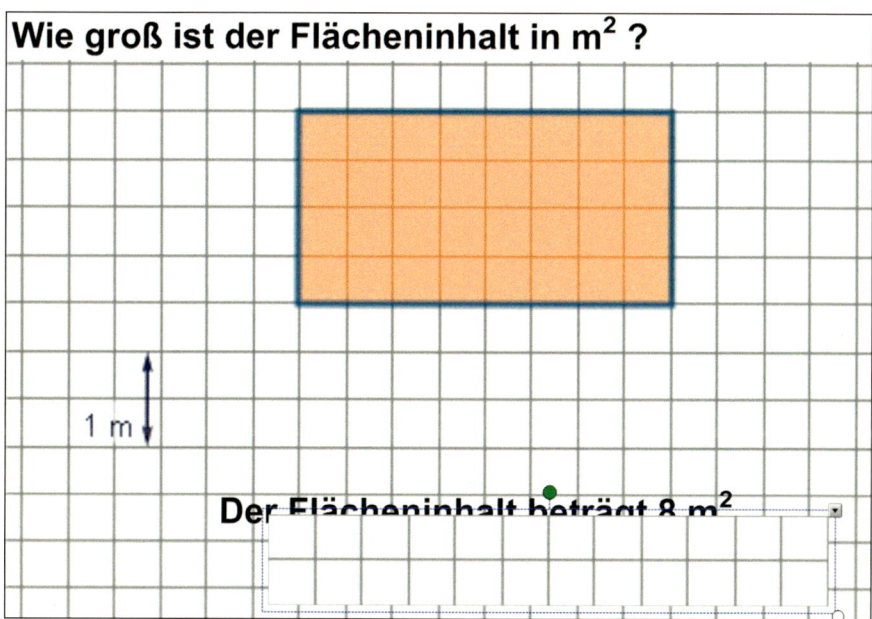

1.5: Verschieben des Rechtecks gibt Sicht auf darunter liegenden Text frei.

Praxis-Tipp

Formen zur Abdeckung von Objekten lassen sich am schnellsten erstellen, indem man sie einfach mit dem *Ausschneidewerkzeug* aus dem Hintergrund kopiert, durch Ziehen in die richtige Größe bringt und, falls mehrere benötigt werden, durch die Funktion *Duplizieren* bzw. *Klonen* vervielfältigt.

Sollen einzelne Teile aus einem Gesamtbild kurzfristig fokussiert werden, bietet sich das *Spotlight* als Funktion der Wahl an. Es handelt sich dabei um einen erhellten Bildausschnitt, welcher sich durch *Drücken & Ziehen* vom Mittelpunkt nach außen vergrößern und durch Ziehen am Rand auch über dem Tafelbild verschieben lässt. So kann man mit einer Lerngruppe z. B. ein Bild oder eine Karte ausschnittsweise konzentriert betrachten.

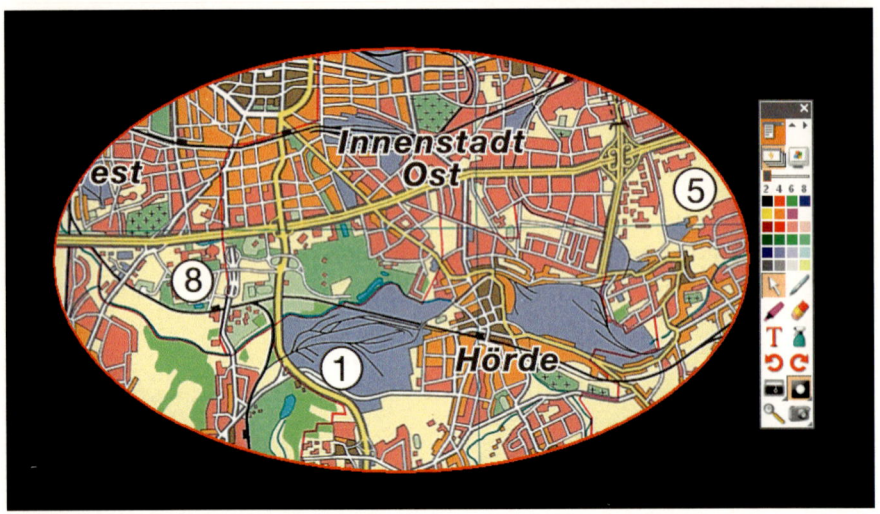

1.6: Kartenausschnitt mit Spotlight fokussiert (Promethean ActivStudio)

Soll ein Gesamtbild aus mehreren Einzelteilen nach und nach an der Tafel „zusammengebaut" werden, eignet sich besonders das Einholen von Objekten von der Bildseite. Hierzu verwendet man vorgefertigte kleine Grafiken, z. B. *Pull-Tabs* genannt, welche in den Materialsammlungen der Boardsoftwares zu finden sind. Sie werden durch Gruppierung mit dem zu bewegenden Objekt verknüpft. Anschließend werden die so erzeugten Objekte im Seitenrand der Folie versteckt, wobei nur der *Pull-Tab* zu sehen bleibt. Im Unterricht werden zum Aufbau des Gesamtbildes dann sukzessive die einzelnen Objekte am *Pull-Tab* ins Bild gezogen. Möchte man sicherstellen, dass diese in exakter Position am Ende im Tafelbild erscheinen, ist es sinnvoll, sich Orientierungsmarken anzulegen. Sie ermöglichen eine schnelle und korrekte Positionierung einzelner Elemente im Tafelbild, indem man die Einzelteile des Tafelbildes beim Einholen an den Orientierungsmarken ausrichtet.

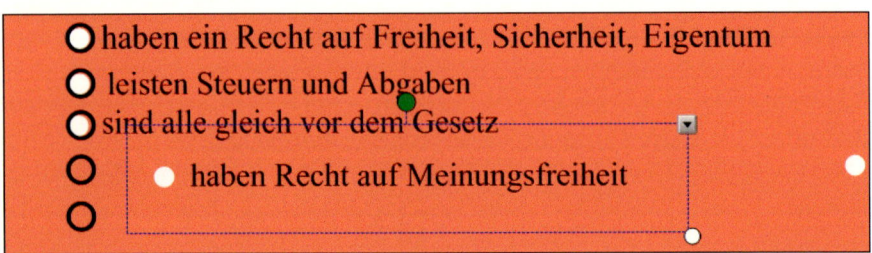

1.7: Objekte mit Orientierungsmarken werden vom rechten Rand eingeholt und ausgerichtet.

Zusammenhänge erläutern durch bewegende Visualisierung

Auch das gezielte *Umpositionieren* von vorhandenen Objekten stellt eine besondere Möglichkeit der Dynamisierung und dadurch besseren Veran schaulichung des Tafelbildes dar. Die einfachste Form, Bewegung ins Tafelbild zu integrieren, ist das gezielte Verschieben von einem oder mehreren ausgewählten Objekten. Komplexe Abläufe lassen sich auf diesem Weg an der Tafel leicht darstellen wie etwa der *einfache Wirtschaftskreislauf*, in welchem Waren, Dienstleistungen und Gelder vom Arbeitnehmer ins Unternehmen und umgekehrt abwechselnd befördert werden. Dies lässt sich durch gezielte Umpositionierung der einzelnen Objekte an der digitalen Tafel visualisieren. Indem mit dem Arbeitnehmer – in 1.8 Kevin genannt – jeweils ein Objekt markiert, verschoben und dann andernorts wieder abgelegt wird, wird der Kreislauf an der Tafel nachvollziehbar.

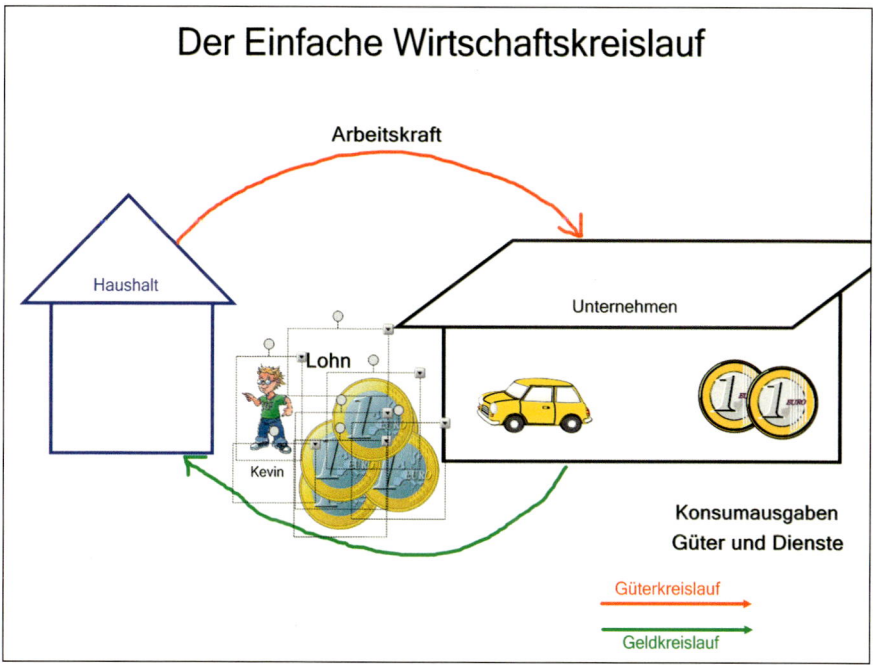

1.8: Markierte Objekte werden zur Erläuterung verschoben und andernorts abgelegt

Die Möglichkeit, derartige Bewegungen von Objekten während der Durchführung aufzuzeichnen und im Anschluss abzuspielen, kann dabei sehr hilfreich sein. In den Boardsoftwares lässt sich dies mit der Funktion *Seiten-Aufzeichnung* realisieren. In Smart Notebook wird dabei, nach der Aufnahme der Veränderungen des Tafelbildes, innerhalb kurzer Zeit auf derselben Folie eine Animation erzeugt, welche man mit einer Steuersymbolleiste von der gleichen Seite aus starten kann. Gerade in Kombination mit der Erläuterung im Unterricht kann es für die Nachbereitung der Stunde sehr hilfreich sein, die Datei mit dem „bewegten Tafelbild" digital zur Verfügung zu stellen. So können die Abläufe zu einem späteren Zeitpunkt noch einmal – wie an der Tafel vorgeführt – nachvollzogen werden.

1.4 Sammeln und Strukturieren

Interessante Möglichkeiten bieten sich für das Sammeln und Strukturieren. Vor allem in Einstiegsphasen und beim Einsatz von Methoden wie dem Brainstorming, dem Clustering oder dem Mindmapping, d.h. dort wo Informationen gemeinsam gesammelt, gebündelt und strukturiert werden sollen, ist das interaktive Whiteboard das herausragende Medium der Wahl. Allein mit Hilfe der Boardsoftware kann man in wenigen Schritten von einer losen Ansammlung von Objekten und handgeschriebenen Begriffen im Unterrichtsgespräch zu einem übersichtlichen Ganzen gelangen. Ein Beispiel aus einer Einstiegsstunde zum Thema „Big City Life in New York" aus dem Englischunterricht soll dies verdeutlichen.

1. Sammlung von Ideen

Im ersten Schritt werden die Assoziationen der Lerngruppe gesammelt. Hierbei kann ein Bildimpuls zur Unterstützung genutzt werden. Ideen werden ohne Steuerung des Lehrenden an das Board geschrieben. Auf die Anordnung bzw. Schriftgröße muss beim Anschreiben zunächst nicht geachtet werden, da diese nachträglich verschoben bzw. in der Größe angepasst werden können. Auch Rechtschreibfehler lassen sich mit Hilfe des Schwamms oder der Texterkennung im Nachhinein korrigieren. Auf diese Weise können die oftmals sehr heterogenen Blickweisen der Schülerinnen und Schüler aufgegriffen werden.

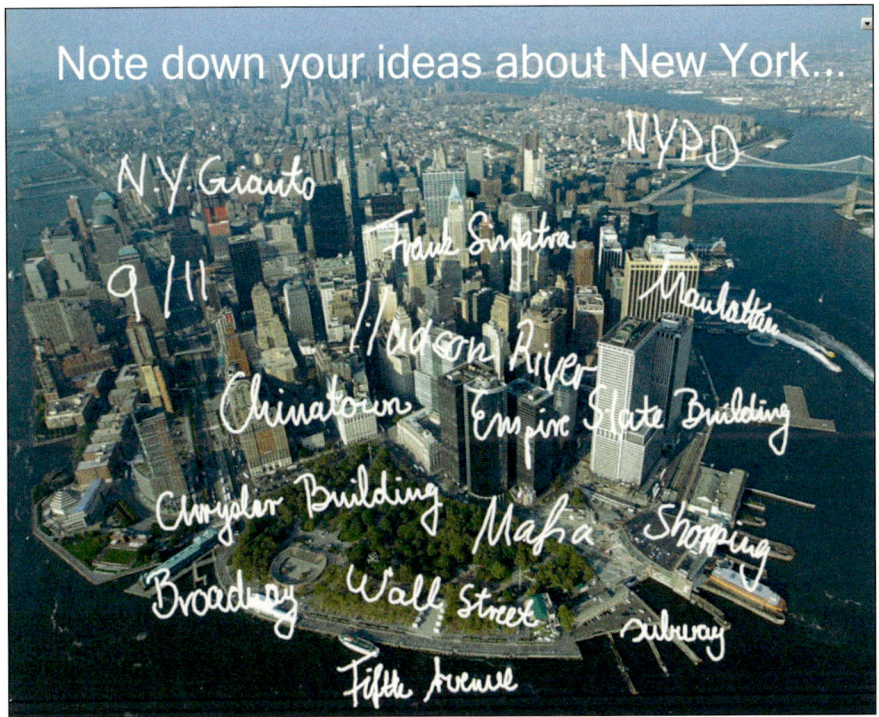

1.9: Sammlung von Schülerassoziationen zum Thema New York

2. Reorganisation

Im zweiten Schritt werden die Ideen durch Verschieben der Objekte und Anpassen der Größe an der Tafel geordnet und zu Sinngruppen zusammengefasst. Diese Aufgabe kann durchaus auch von den Schülerinnen und Schülern selbst übernommen werden. Der dabei in der Klasse entstehende Diskurs über die rechte Ordnung der Dinge erfordert ein begründetes Urteilen; im Fremdsprachenunterricht ein willkommener Sprechanlass. Durch Verschieben und Anordnen kann inhaltliche Zusammengehörigkeit dargestellt werden. Das Anpassen der Schriftgröße lässt sich für die Hierarchisierung von Begriffen nutzen, ebenso wie die Texterkennung. Wenn überhaupt nötig, sollten inhaltliche und/oder orthographische Korrekturen an dieser Stelle erfolgen.

3. Strukturierung

Nachdem am Whiteboard nachvollziehbare Cluster entstanden sind, werden diese mit Oberbegriffen erfasst, falls diese noch nicht an der Tafel standen und genutzt werden konnten. Hier wird die Lerngruppe ggf. auf begriffliche

Unterstützung der oder des Lehrenden angewiesen sein. Zur besseren Abhebung kann es sinnvoll sein, hier mit Textboxen anstelle von Handschrift zu arbeiten. Die Texterkennungsfunktion könnte hier bei entsprechend guter Handschrift auch zum Einsatz kommen.

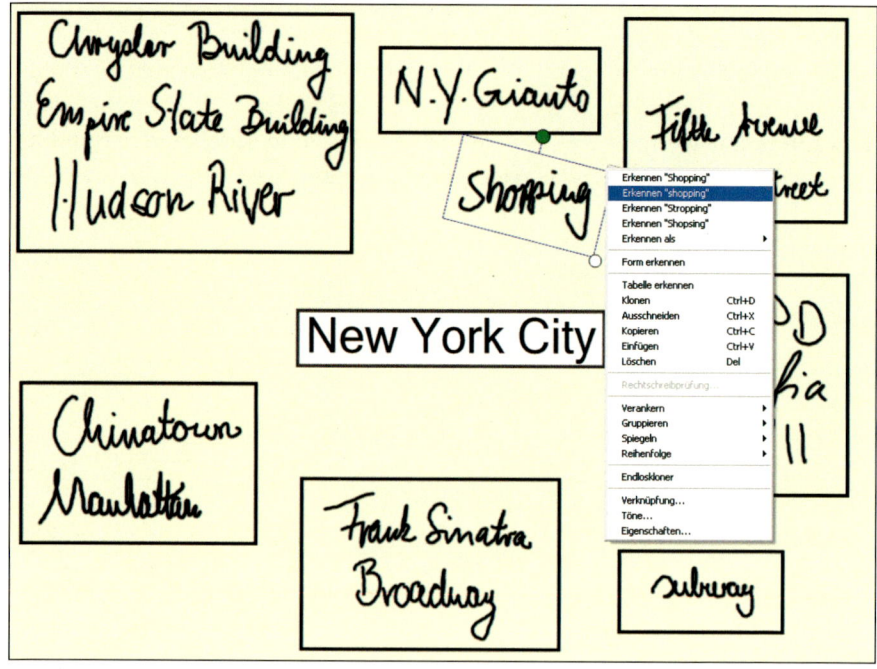

1.10: Ordnung entsteht allmählich

4. Ergänzungen

Durch die Strukturierungsprozesse wird die Lerngruppe vermutlich noch weitere Informationen einbringen wollen, welche im Tafelbild ergänzt werden können. Dies ist an der digitalen Tafel leicht möglich, so dass man sich einer Lösung allmählich nähern kann.

Praxis-Tipp

Platz lässt sich, wenn nötig, durch die Erweiterung der bearbeiteten Folie gewinnen oder besser durch das Verkleinern der Schriftgröße bereits vorhandener Objekte. Dies hat den Vorteil, dass man den Überblick behält und nicht scrollend das Bild erfassen muss.

5. Visualisierung

Im letzten Schritt werden die grafischen Möglichkeiten des Whiteboards genutzt, um die inhaltlichen Bezüge optimal zu verdeutlichen. Die Boardsoftwares stellen umfangreiche Funktionen hierfür zur Verfügung. Durch Ein-
färbung zusammengehörender Objekte können Cluster kenntlich gemacht
werden. Die umfangreiche Liniensammlung ermöglicht die Darstellung von
Beziehungsgeflechten. Objekte aus den Materialsammlungen oder Abbildungen, welche mit dem Ausschneidewerkzeug aus anderen Programmen oder
dem Internet gewonnen wurden, können ein Tafelbild anschaulicher und für
die Schülerinnen und Schüler nachhaltiger werden lassen.

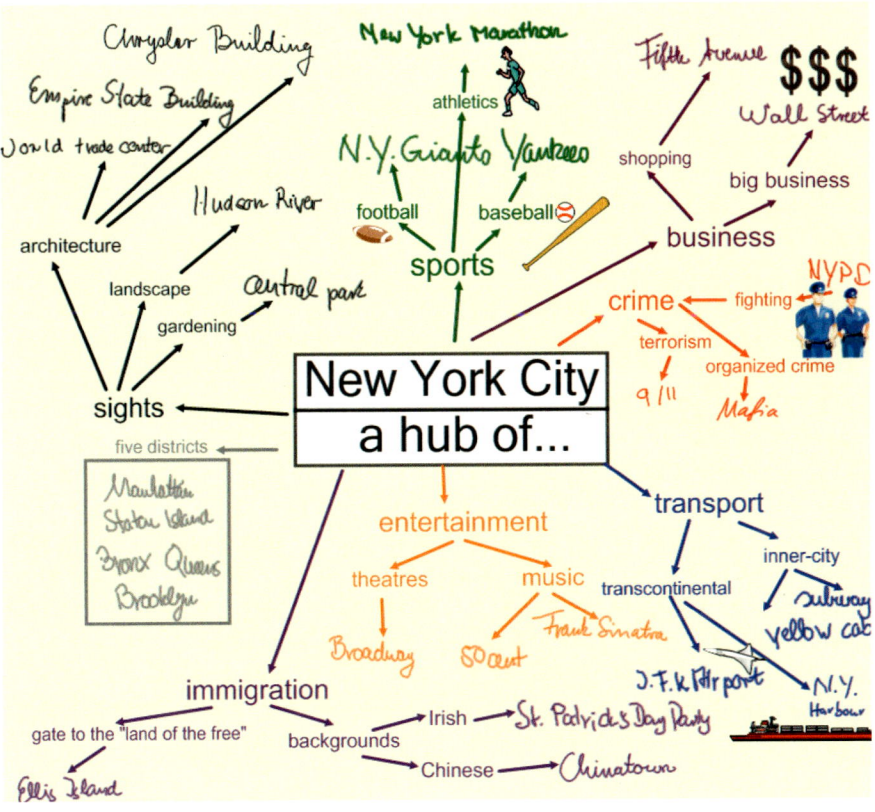

1.11: Strukturiertes Mind-Map als Produkt eines gemeinsamen Prozesses

Zwar wird für die gemeinsame Gestaltung eines derartigen Mindmaps am Whiteboard eine gewisse Unterrichtszeit notwendig sein, doch erlauben die oben beschriebenen Prozesse in einer Lerngruppe eine kommunikative und diskursive Durchdringung, die den Zeitaufwand mehr als lohnend erscheinen lässt.

Die Beispiele zu den Tafelbildern machen deutlich, dass mit der digitalen Tafel nicht nur eine neue Präsentationsfläche in die Klassenräume montiert wird, sondern ein interessantes Lernwerkzeug, welches auf vielfältige Weise helfen kann, Denkprozesse gemeinsam zu entwickeln und visuell umzusetzen.

1.5 Bearbeiten von längeren Texten

Auch längere Texte können in der Software interaktiver Whiteboards gut bearbeitet werden. Um diese in ein Tafelbild zu integrieren, ziehen Sie einfach einen markierten Text z. B. aus Ihrem Textverarbeitungsprogramm oder dem Webbrowser auf die Boardsoftware und lassen dort die Maustaste los (*Drag & Drop*). Natürlich können Sie einen markierten Text auch ausschneiden und dann in die Boardsoftware einfügen. Dadurch entsteht dort eine Textbox, die Sie wie alle Objekte verschieben, in der Größe verändern und drehen können. Durch Doppelklick auf das Textobjekt öffnet sich die Editierfunktion und Sie können den Text als solchen bearbeiten. Veränderbar sind neben dem Text selbst beispielsweise:
- Schriftart und -größe
- Ausrichtung
- Farbe der Schrift

Sie können einzelne Wörter oder Sätze des Textes markieren und per Drag & Drop eine Kopie des Markierten aus der Textbox extrahieren. Interessante Bearbeitungsmöglichkeiten bieten sich zudem durch die farbigen Textmarker, mit deren Hilfe Sie Wörter z. B. zur Textanalyse markieren können. Lückentexte lassen sich am einfachsten herstellen, indem Sie einzuordnende Wörter extrahieren und dann die zu versteckenden Wörter in der Hintergrundfarbe der Seite einfärben. Dadurch werden die Wörter im Textzusammenhang „unsichtbar". Um am Ende den Lückentext aufzulösen, ändern Sie einfach die Hintergrundfarbe, so dass man die Wörter wieder sehen kann.

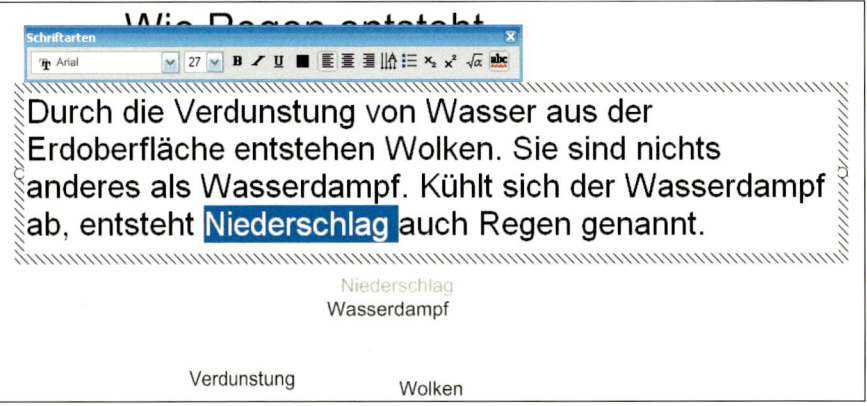

1.12: Lückentext am Whiteboard erstellen

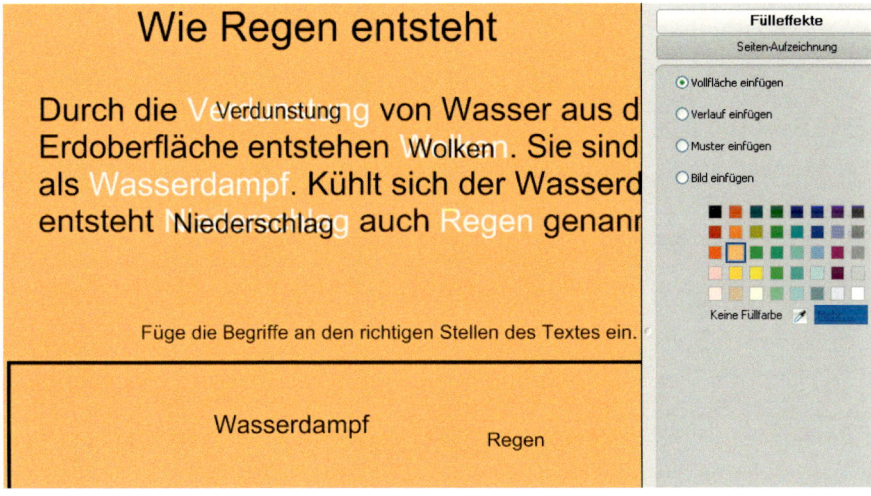

1.13: Auflösung des Lückentextes durch geänderte Hintergrundfarbe

1.6 Integration und Analyse von audiovisuellen Medien

Durch den Einzug der interaktiven Whiteboards in die Klassenräume wird sich nicht nur die textbasierte Tafelarbeit deutlich verändern, sondern auch der Umgang mit anderen heute gängigen Medien. Aufgrund der Tatsache, dass man alle im Klassenraum verwendeten audiovisuellen Materialien nun leicht am interaktiven Whiteboard integrieren kann, werden Video- und Kassettenrecorder, CD/DVD-Player sowie Dia- und Overhead-Projektor überflüssig. Darüber hinaus bietet die Bearbeitung audiovisueller Materialien am Whiteboard völlig neue Möglichkeiten, die bisher so nicht zur Verfügung standen. Gerade die Arbeit mit Filmen, einem seit Jahren wichtiger werdenden Thema in den Rahmenplänen, kann nun auch im Klassenraum angemessen realisiert werden.

Arbeit mit Abbildungen

Alle gängigen Whiteboardhersteller bieten umfassende Möglichkeiten, visuelle Materialien wie Bilder aus anderen Programmen oder Ordnern des Rechners in die Boardsoftware zu integrieren. Natürlich stehen die in Windows üblichen Lösungen wie das Einfügen einer Datei aus einem Dateiordner zur Verfügung. Auch die intuitiveren Lösungen wie *Kopieren & Einfügen* und *Drag & Drop* können verwendet werden. Als überaus nützliches Werkzeug erweist sich jedoch beim Import von Bildern das *Aufnahmewerkzeug* (Symbol:) bzw. *Kamera-Tool,* welches die Integration von Abbildungen enorm vereinfacht. Da dieses Werkzeug beim Wechsel in andere Programme im Hintergrund als schwebendes Werkzeug aktiviert bleibt, lassen sich Abbildungen jeder Art im Ganzen oder als Ausschnitt zur weiteren Bearbeitung in die Boardsoftware holen. Alles, was auf dem Bildschirm zu sehen ist, lässt sich mit wenigen Klicks in die Boardsoftware integrieren und dort als Bild weiter bearbeiten.

Zur genaueren Bildbearbeitung bieten sich weitere Werkzeuge an. Um ein Bild genauer zu betrachten, kann die *Bildschirmlupe* (Smart Notebook) bzw. die Funktion *Seite zoomen* (Promethean ActivStudio) hilfreich sein. Die Aufmerksamkeit lässt sich damit hervorragend auf Teilbereiche eines Bildes lenken.

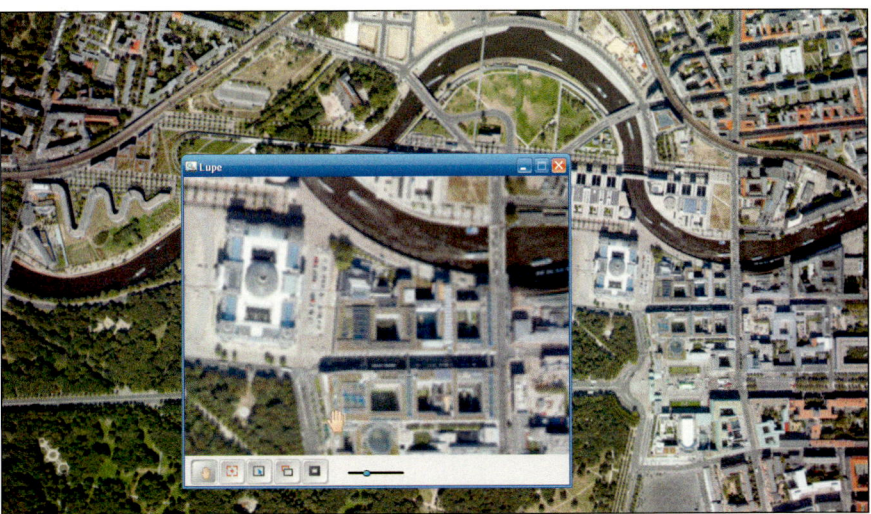

1.14: Ausschnitt eines Luft- bzw. Satellitenbildes mit Lupe vergrößert

Die Stifte in verschiedenen Farben können für die Analyse von Bildern je nach Bedarf ebenso sinnvoll verwendet werden wie Linien und Formen.

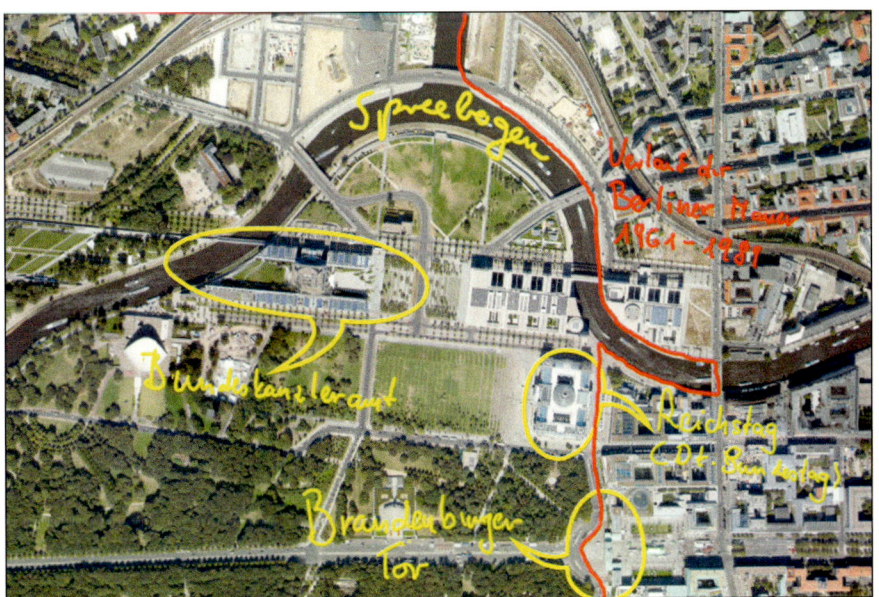

1.15: Bearbeitung eines Luft- bzw. Satellitenbildes am interaktiven Whiteboard

Interessante methodische Einsatzmöglichkeiten bieten sich in diesem Zusammenhang noch durch die Funktion „Bildtransparenz einstellen". Abbildungen können hiermit stufenlos durchsichtig gemacht werden; dies eignet sich z. B. beim Übereinanderlegen von verschiedenen Abbildungen, welche so leichter verglichen oder kombiniert werden können.

Für Detailanalysen und zur Ergebnissicherung eignet sich wiederum das bereits oben beschriebene *Aufnahmewerkzeug*. Bildausschnitte können so ohne Qualitätseinbußen z. B. auf eine neue Seite gelegt, vergrößert, bearbeitet und beschriftet werden, während das Originalbild auf der Ausgangsseite erhalten bleibt. Dieses Werkzeug regt zum Experimentieren mit Bildern an und eignet sich deshalb gerade für die Hände der Schülerinnen und Schüler, die auf diese Art am interaktiven Whiteboard selbst tätig werden können.

Arbeit mit Filmen

Herausragende Vorzüge bieten interaktive Whiteboards auch bei der Arbeit mit Filmen. Hier gab es bisher im Klassenzimmer immer einen deutlichen Medienbruch. Am Fernsehschirm lief das Video, die Analyse musste auf einem Arbeitsblatt oder gar an der grünen Tafel erfolgen. Nun lassen sich Filmanalysen in *einem* Medium durchführen, wobei Verständnisprobleme durch den Medienübergang vermieden werden können.

In der Regel werden bei der Filmanalyse Standbildaufnahmen bearbeitet und analysiert. Diese können auf mehreren Wegen generiert werden. Viele Video-Player-Programme wie zum Beispiel der kostenlose VLC-Media-Player bieten die Option, Screenshots von einem Standbild als Bilddatei (*.jpeg) zu erzeugen. Eine einfachere Lösung bietet auch hier das *Aufnahmewerkzeug*, welches Sie im Hintergrund geöffnet haben können, während Sie den Video-Player an der entsprechenden Stelle des Films anhalten. So lassen sich Einzelbildaufnahmen aus einer DVD in die Boardsoftware integrieren und dort wie oben beschrieben als Bilder bearbeiten und analysieren.

Darüber hinaus lassen sich aber auch ganze Video-Clips auf Seiten der Boardsoftware abspielen. Voraussetzung hierfür ist allerdings, dass diese in einem von der Boardsoftware unterstützten Format vorliegen. Ein derartiges Video können Sie wie ein Bild oder jedes andere Objekt auf unterschiedlichen Wegen (*Drag & Drop; Kopieren & Einfügen;* Funktion Dateiimport) in die Boardsoftware bringen. Das Video wird dort mit einem Player dargestellt und kann damit direkt auf der Seite angesehen werden. Gerade für den Einsatz von kurzen Video-Sequenzen eignet sich dieses Verfahren sehr, da jeglicher Medienbruch vermieden wird.

Wo gute Qualität des Films oder lange Spielzeiten gefragt sind, sollte man das Video nicht auf der Folie integrieren, sondern einen externen Medien-Player verwenden. Für diese Fälle kann aber zumindest mit Links auf entsprechende Dateien gearbeitet werden, die man Objekten auf der Folie zuweisen kann; so lassen sich Videos aus dem Tafelbild heraus starten, wenngleich sie in einem externen Player der besseren Qualität wegen abgespielt werden. Diese Lösung empfiehlt sich auch, wenn Sie mit Video-DVDs z. B. aus Medienzentren im Unterricht arbeiten möchten. Um die Zahl der für eine Unterrichtsstunde benötigten Dateien überschaubar zu halten, bietet es sich an, notwendige zusätzliche Dateien im Anhang bzw. in der Folie zu speichern. Jedes Objekt des Tafelbildes können Sie im Kontextmenü, welches Sie durch einen rechten Mausklick öffnen können, mit einer Mediendatei verknüpfen. So braucht man für eine Unterrichtsstunde nur noch eine Datei öffnen und gelangt vom Tafelbild aus auf alle weiteren Materialien. Eine übersichtliche Lösung.

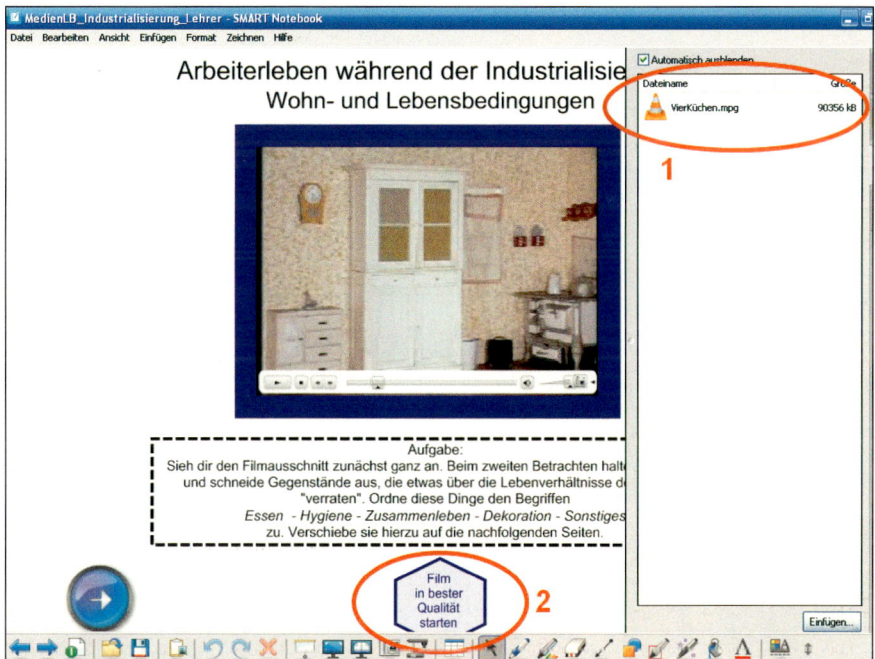

1.16: In Smart Notebook geöffneter Anhang mit einer verknüpften Video-Datei (1), die durch Klick auf das Sechseck (2) aus dem Tafelbild gestartet werden kann. Das Bild zeigt verwendetes Filmmaterial der MedienLB.

Praxis-Tipp

Es empfiehlt sich, bei der Arbeit mit Filmen vor Einsatz im Unterricht zu prüfen, ob ein Videoformat von der jeweiligen Boardsoftware und dem verwendeten Rechner unterstützt wird.
Wollen Sie DVD-Videos mit Hilfe des Aufnahme-Werkzeuges und einem Media-Player bearbeiten, sollten Sie prüfen, ob der entsprechende Computer diese Funktion unterstützt. Gegebenenfalls müssen Sie die Hardwarebeschleunigung der Grafikkarte zurücknehmen, bis das Aufnahmewerkzeug richtig funktioniert.

Audiodateien integrieren

Wie Videos können auch Audiodateien direkt auf einer Seite der Whiteboard-software abgespielt werden. Voraussetzung ist, dass sie als MP3s vorliegen. Auch hier bietet die Boardsoftware einen Player an, der mit einfachen Funktionen das Abspielen und Anhalten der Tonaufnahmen direkt im Tafelbild per Knopfdruck ermöglicht. Weitere Bearbeitungsmöglichkeiten (schneller Vor- oder Rücklauf etc.) fehlen jedoch meist, weshalb es auch hier ratsam sein kann, mit einem Link und einem externen Player zu arbeiten. Insgesamt bieten die Whiteboardhersteller noch keine Bearbeitungsmöglichkeiten für Audio- und Videodateien in ihren Boardsoftwares an. Für Ton- oder Video-schnittarbeiten muss demnach auf andere Programme zurückgegriffen werden.

Praxis-Tipp

Eine sehr lohnende Quelle für Videomaterial ist *YouTube*. Hier können Sie eine Vielzahl authentischer Materialien per Textsuche für den Unterricht finden. Das Urheberrecht muss jedoch dabei beachtet werden!
Eine rechtlich bedenkenlose Alternative ist die Verlinkung der YouTube-Videos im Tafelbild.

1.7 Präsentieren am interaktiven Whiteboard

Neben den oben skizzierten Einsatzmöglichkeiten im gemeinsam entwickelnden Unterricht eignet sich das interaktive Whiteboard in der Schule aber natürlich auch hervorragend zur medialen Unterstützung von Präsentationen. Aufgrund der intuitiven, leicht verständlichen Handhabung bleibt es hierfür nicht nur den Lehrkräften vorbehalten, sondern sollte auch von Schülerinnen und Schülern intensiv für Präsentationen genutzt werden. Wenn es dabei gelingt, das Potenzial dieses Mediums auszuschöpfen, so ist sogar eine neue Qualität des Präsentierens im Klassenzimmer erreichbar, in dem Sinne, dass Schülerinnen und Schüler häufiger und besser ihre Lernergebnisse und Erkenntnisse im Plenum vorstellen können und dadurch ihre Methodenkompetenz steigern.

Der Einstieg beim Präsentieren am interaktiven Whiteboard wird von den meisten Herstellern leicht gemacht, da ihre Geräte sehr gut mit den gängigen Präsentationsprogrammen wie *Microsoft Power-Point* oder *OpenOffice.org Impress* kooperieren. Insofern kann auf vorhandene Kenntnisse und Erfahrungen mit diesen Standardprogrammen zurückgegriffen werden. Zusätzlich stehen dem Präsentierenden bei manchen interaktiven Whiteboards noch weitere Funktionen zur Verfügung, welche die Durchführung einer Präsentation im Klassenraum deutlich verbessern:

- Die Bedienung des Computers lässt sich vor, während und nach der Präsentation im Stehen am Board vornehmen. So bleibt die „richtige Haltung" dem Publikum gegenüber stets erhalten.
- Die Präsentation lässt sich durch einfache Klopfkommandos (Doppelklick, Links-rechts-Klick, Rechts-links-Klick…) auf eine beliebige Stelle des Whiteboards steuern; dieser Vorteil gilt nur bei analog-resistiven Whiteboards, die mit bloßem Finger bedient werden können. Der Vortragende kann so seine volle Aufmerksamkeit stets dem Publikum zuwenden und muss für Folienübergänge oder Einblendungen seinen Blick nicht der Tafel zuwenden.
- Handschriftliche Ergänzungen können auf dem Whiteboard in die Folien geschrieben und anschließend als Bildobjekte in der Präsentation abgespeichert werden. Dadurch kann der Vortragende gezielter erläutern bzw. spontan auf Fragen mit visueller Unterstützung reagieren und Ergänzungen den Zuhörern anschließend digital zur Verfügung stellen.

Es wird deutlich, dass der Präsentierende im Gegensatz zum Vortrag mit PC und Beamer am Whiteboard durch spezielle Funktionen *deutlich näher am Publikum* agieren kann. Da es vielen Power-Point-Präsentationen – nicht nur in der Schule – genau daran mangelt, könnte das Whiteboard helfen, eine größere Unmittelbarkeit des Vortrags zu erreichen.

Noch konsequenter ist dies möglich, wenn man die whiteboardspezifische Boardsoftware für die Erstellung von Präsentationen nutzt. Viele Boardsoftwares bieten sich nicht nur als „Tafelbildsoftware" an, sondern ermöglichen Präsentationen, die stärker vom Kontakt zum Inhalt und den Bedürfnissen des Publikums geleitet sind und weniger Folie um Folie abspulen, wie dies bei Power-Point-Präsentationen oft üblich ist.

Worin liegt dabei der Unterschied? Klassische Präsentationsprogramme wie Power-Point sind dafür ausgelegt, Ideen linear vorzustellen. Man muss sich bei Erstellung einer Präsentation klar über den exakten Ablauf des Vortrages sein und kann dann mit deren Hilfe sehr ansprechende Folien erstellen, die oft sogar im automatischen Modus ohne Vortragenden ablaufen können. Dies mag für manche Bedürfnisse angemessen sein, im Rahmen der Schule geht es jedoch meist um Anderes. Hier sind Präsentationen oft dadurch geprägt, dass sie durch Gedankensprünge und Nachfragen unterbrochen werden. Eine Boardsoftware, die nicht nur zum Präsentieren sondern auch zum Sammeln und Strukturieren von Informationen, geeignet ist, ermöglicht es, Präsentationen so zu erstellen, dass Ideen vernetzt aufbereitet werden. Beim Präsentieren wird der Vortragende auch nicht einfach nur die nächste Folie weiterklicken, sondern er wird sinnvollerweise die visuelle Umsetzung seiner Gedanken während des Vortrags an der digitalen Tafel entwickeln, so wie dies beim Tafelbild weiter oben skizziert wurde. Bei Nachfragen kann er flexibel und spontan auf mediale Hilfen zugreifen. Die Präsentation entsteht so im Zusammenspiel von Tafelbild, Sprache und Körper an der digitalen Tafel, denn anders als beim bloßen Weiterklicken auf die nächste Folie, entsteht das Gesamtbild erst durch das Zusammenfügen der Einzelteile bzw. Anschreiben fehlender Beschriftungen während des Vortrags. Ein wesentlich höherer Anteil an körperlicher, haptischer Beteiligung lässt sich hierbei feststellen. Der Vortragende agiert wortwörtlich „in" seiner Präsentation. So kann eine Präsentationskultur in der Schule entstehen, die den schulischen Anforderungen aber auch jenen der Berufswirklichkeit besser entspricht.

Aber auch hinsichtlich der Häufigkeit von Schülerpräsentationen im Unterricht eröffnen die interaktiven Whiteboards neue Chancen. Mit Hilfe von Digitalisiergeräten wie der *Dokumentenkamera* (auch als *Visualizer* zu finden) lassen sich Papiervorlagen in wenigen Sekunden auf das Whiteboard projizieren und dort digital bearbeiten und präsentieren. Auf diesem Weg ist es möglich, Schülerinnen und Schüler viel häufiger in der Klasse sinnvoll die Ergebnisse ihrer gemeinsamen Arbeit anderen vorstellen zu lassen; Präsentieren kann so zum Regelfall im Unterricht werden.

1.17: Schüler holt mit Hilfe der Dokumentenkamera seine Ergebnisse an die digitale Tafel, um sie der Klasse vorzustellen.

1.8 Unterrichtsvorbereitung und Hausaufgaben

Neben den Veränderungen im Klassenraum bringen interaktive Whiteboards auch deutliche Veränderungen hinsichtlich der außerschulischen Arbeit mit sich. Dies gilt sowohl für die Lehrkräfte, die sich mit anderen Mitteln auf den Unterricht vorbereiten, als auch für die Schülerinnen und Schüler, denen andere Aufgabenformen und -formate zur Verfügung gestellt werden können. Wichtige Voraussetzung hierfür ist jedoch, dass die Beteiligten über die Boardsoftware auch außerhalb des Unterrichts verfügen können. Aufgrund der Lizenzvereinbarungen der meisten Whiteboardhersteller dürfen an Schulen mit mindestens einem Gerät eines Herstellers alle Schulzugehörige die Software auch am heimischen PC installieren und benutzen, solange sie an der Schule tätig sind. Dies ermöglicht es, Tafelbilder von zu Hause in den Unterricht mitzubringen, bzw. im Klassenraum entstandene Ergebnisse weiterzubearbeiten. Übungen können für andere erstellt werden. Dies ist möglich, da mit der Software auch ohne angeschlossenes Whiteboard sinnvoll gearbeitet werden kann.

Die Unterrichtsvorbereitung der Lehrerinnen und Lehrer ändert sich insofern, als diese zu Hause eine Datei vorbereiten und sie im Klassenraum verwenden bzw. sie den Schülerinnen und Schülern zur Verfügung stellen.

Eine Datei kann dabei verschiedene Wege nehmen:
- Vom USB-Stick auf den PC im Klassenraum und von dort auf die Sticks der Schülerinnen und Schüler
- Ins Schulintranet und von dort aus auf die Sticks der Lernenden
- Austausch über ein internetbasiertes LMS (Learning-Management-System) wie z. B. Moodle oder LO-Net^2, bei welchem alle Klassenmitglieder samt Lehrende als Mitglieder angemeldet sind und Dateien online austauschen können

Es wird ganz wesentlich von der Klasse, der Schulinfrastruktur und den Bedürfnissen des Unterrichts abhängen, welche Wege beschritten werden (können); besonders komfortabel und effizient ist sicherlich der dritte, da die Daten so für alle Mitglieder einer Lerngruppe jederzeit online verfügbar werden und kooperative Arbeitsformen leichter organisierbar sind. Abgesehen davon entsteht in einem derartigen virtuellen Klassenraum automatisch eine Dokumentation des Unterrichts einer Lerngruppe durch die abgespeicherten Materialien.

Sobald der Austausch von Dateien zwischen Lehrkraft und jedem Klassenmitglied gewährleistet ist, sind verschiedene Aufgabenformate denkbar, die außerhalb des Klassenraums erledigt werden können.
- Die Lehrerin oder der Lehrer stellt die im Unterricht fertig erarbeiteten Tafelbilder der Lerngruppe zur Verfügung; diese dienen der Nachbereitung der Ergebnisse des Unterrichts oder der Vorbereitung von Arbeiten.
- Die Lernenden bearbeiten oder vervollständigen im Unterricht entstandene, noch unvollständige Tafelbilder. Auf diese Weise können auch komplexere Gestaltungsaufgaben gemeinsam am Whiteboard begonnen und außerhalb des Unterrichts individuell abgeschlossen werden.

- Interaktive Arbeitsblätter werden den Schülerinnen und Schülern als Hausaufgabe mitgegeben, welche sie am PC lösen müssen und in digitaler Form als Ergebnis wieder zur nächsten Stunde mitbringen.
- Schülerinnen und Schüler erstellen Übungen mit Hilfe der Boardsoftware, welche im Unterricht (oder wiederum als Hausaufgabe) von anderen gelöst werden müssen. Mit ein wenig Übung im Umgang mit der Boardsoftware sind solche Aufgabenformate denkbar, die nicht nur Spaß machen, sondern im Sinne von *Lernen durch Lehren* auch sehr förderlich und in hohem Maße binnendifferenzierend sind.

Sollte der Datenaustausch in Ihrer Klasse nicht möglich sein, so können Sie zumindest von der Möglichkeit Gebrauch machen, „analoge Aufgaben am interaktiven Whiteboard digital zu verbessern". Engere Aufgabenformate mit Musterlösungen, wie sie bei Arbeitsblättern, in Arbeitsheften oder in Lehrbüchern üblich sind, können leicht nachvollziehbar im Unterricht verglichen werden, wenn Sie diese Materialien z. B. mit dem Scanner digitalisieren und die Lösungen in der Boardsoftware vorbereiten. Solange Sie diese gescannten Materialien nicht im Klassenraum abspeichern und sie nicht weitergeben, sondern mit Ihnen „episkopartig" umgehen, verstoßen Sie dabei i. d. R. nicht gegen Urheberrechte. Dieses Verfahren eignet sich bei vielen Aufgabentypen mit Texten oder Bildern in besonderer Weise, da Sie die Lösungen im Unterricht schrittweise, nachvollziehbar vorstellen (lassen) können (siehe Anregungen aus Kap. 1.2).

Bei komplexeren Aufgabenformaten mit unterschiedlichen Lösungen ist es sinnvoll, mit Digitalisiergeräten im Klassenraum wie der Dokumentenkamera, schriftliche Ergebnisse einiger Schülerinnen und Schüler an die Tafel zu holen, diese zu besprechen, verschiedene Lösungen gegenüberzustellen, erstellte Diagramme übereinanderzulegen, Texte gemeinsam zu lesen etc. Auf diese Weise erhalten Hausaufgaben ein hohes Maß an Würdigung und Auseinandersetzung bei vertretbarem Aufwand. Schülerinnen und Schüler bekommen die Gelegenheit, Ergebnisse dem Plenum materialgestützt vorzustellen.

Nicht nur aber besonders bei den „digitalen Hausaufgaben" stellt sich die Frage nach verfügbaren, passenden Materialien für die Unterrichtsvorbereitung. Da derzeit erst begonnen wird, Klassenräume in Deutschland mit interaktiven Whiteboards auszustatten, sind geeignete, sofort einsetzbare Materialien in vielen Bereichen noch Mangelware. Ein weiteres Problem sind die unterschiedlichen Boardtypen, die (noch) keinen Standard kennen, so dass sich Materialien nicht immer von einem Whiteboard aufs andere übertragen lassen.

Dennoch lohnt sich die Suche mehr denn je, denn:

- Gerade aus dem anglo-amerikanischen Raum gibt es bereits eine Vielzahl an interaktiven Arbeitsblättern, die zum Teil leicht ins Deutsche übertragen werden können.
- Die großen Hersteller wie Smart Technologies oder Promethean sowie Lehrerplattformen wie www.4Teachers.de oder www.Lehrerfreund.de bieten Materialien auf Tauschbörsen online an.
- Auch Medien- und Schulbuchverlage stellen inzwischen Materialien her, die whiteboardfähig sind und direkt im Unterricht eingesetzt werden können. Digitale Zusatzmaterialien zu Lehrwerken sowie viele andere digitale Materialien aus Schulbuchverlagen eignen sich zur Verwendung für interaktive Arbeitsblätter.
- Im Internet finden sich auf schul- und bildungsrelevanten Webseiten Materialien, die ebenfalls interessant und integrierbar sein könnten.

Die rechtliche Situation ist dabei nicht immer übersichtlich, so dass im Einzelfall geklärt werden muss, inwieweit die Lerngruppe mit den Materialien in und außerhalb des Klassenraumes arbeiten darf. Ebenso sollte man bei der Arbeit mit dem interaktiven Whiteboard erkennen, dass es sich nicht unbedingt lohnt nach Materialien zu suchen, die eins zu eins am nächsten Tag im Unterricht verwendet werden können. Die Stärke des Mediums und der mit ihm verbundenen Boardsoftware liegt eher darin, dass Sie sehr schnell Materialien für die Bedürfnisse Ihrer Lerngruppe *maßschneidern* können. Diese Arbeit wird Ihnen durch die digitale Vorbereitung nach etwas Einarbeitungszeit enorm erleichtert. Ein Blick in unsere Linkliste im Internet (siehe Verweis am Ende des Kapitels) lohnt also bei der Suche nach Materialien für den Unterricht in jedem Fall.

1.9 Spielerisches Lernen im Klassenverband

Spielende Kinder an einer „blinkenden und tönenden Tafel." Dies ist für viele Pädagogen die Erstbegegnungssituation mit dem interaktiven Whiteboard. Dies hat dazu beigetragen, dass interaktive Whiteboards vielerorts als überflüssige, elektronische „Spielerei" wahrgenommen wurden; ein Ruf der ihnen wie oben beschrieben keineswegs gerecht wird. Dessen ungeachtet ist es richtig, dass dieses Medium hervorragende Möglichkeiten bietet, das spielerische Lernen im Klassenraum zu bereichern und dies nicht nur in Vertretungsstunden sondern auch als Teil des schulischen Lernens.

Häufig bietet es sich an, Brettspiele oder Spielanregungen aus Lehrwerken gemeinsam im Klassenverband zu spielen. Dies kann auch sinnvoll zur Erläuterung der Spielregeln sein, um anschließend in Kleingruppen weiterzuspielen. Mit Hilfe eines Scanners oder einer Digitalkamera kann man ein Spielfeld leicht digitalisieren und als Bildmaterial in der Boardsoftware an die digitale Tafel projizieren. Fügen Sie nun noch Spielfiguren und einen digitalen Würfel z. B. aus der Materialsammlung der Boardsoftware hinzu, dann können Sie an der digitalen Tafel im Klassenverband ein Brettspiel spielen. Würfeln und Figuren bewegen kann man dabei – für alle nachvollziehbar – an der Tafel.

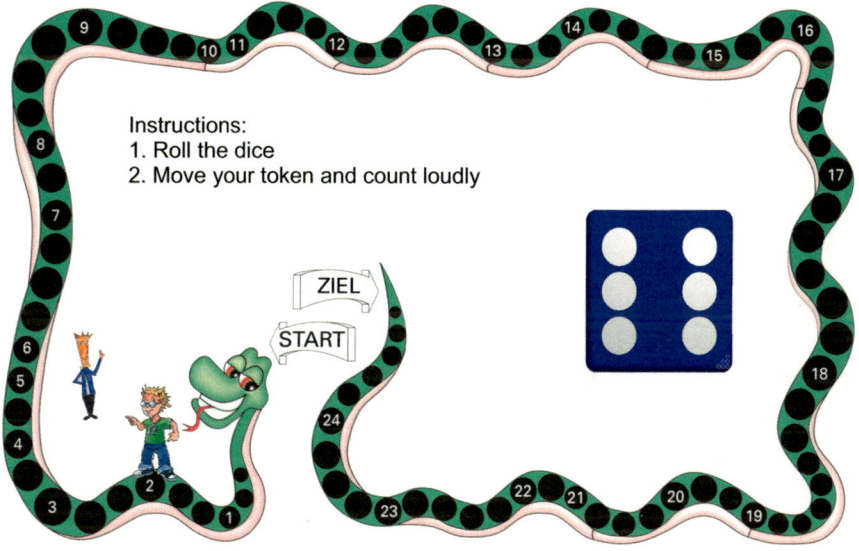

1.18: Würfelspiel am interaktiven Whiteboard

Praxis-Tipp

Noch mehr Freude macht es, wenn Kinder das Spielfeld selbst am Whiteboard oder am PC zeichnen und gestalten dürfen. Die gestalterischen Möglichkeiten (Formen, Farben, Materialien…) helfen dabei auch zeichnerisch weniger begabten Kindern. Möglicherweise können sie mit Ihrer Hilfe sogar selbst ein Brettspiel zu einem Unterrichtsthema erfinden und mit Hilfe der Boardsoftware gestalten?

Neben dieser einfachsten Variante des Spielens am Whiteboard bieten die interaktiven Funktionen der Boardsoftware vielfältige andere Spielmöglichkeiten. Besonders erwähnenswert sind dabei Materialien, die sich in der Galerie von Smart Notebook finden lassen. Mit dem sog. *LessonActivity Toolkit* bietet sich hier eine Auswahl an vorbereiteten Spielvorlagen für die Schule, die vom Nutzer nur noch mit Inhalten gefüllt werden müssen. Auf diese Weise lassen sich spezielle auf die Anforderungen des Unterrichts abgestimmte Lernspiele in kürzester Zeit generieren.

Angeboten werden z. B.:
- Kreuzworträtsel
- Bild- und/oder Text-Memory
- Wortratespiele
- Multiple-Choice-Quizes
- Anagramme
- Sudoku u.v.m.

Für Wiederholungsphasen in den verschiedensten Jahrgangsstufen und Fächern eignet sich das Multiple-Choice-Quiz besonders gut, da es den derzeit sehr beliebten Fernseh-Quizshows ähnelt. Um ein derartiges Quiz anzulegen, müssen Sie lediglich in der Galerie das interaktive Quiz aufrufen und auf eine leere Seite ziehen. Anschließend können Sie im Editiermodus 10 Fragen und jeweils vier Antwortmöglichkeiten erstellen. Hierzu tippen Sie einfach Ihre Frage und vier Antwortmöglichkeiten ein. Eine Antwort weisen Sie dann als richtig aus. Schließen. Fertig. Spielbereit!

Das interaktive Flash-Element, das von Ihnen auf diese Weise programmiert wurde, übernimmt alles weitere, steuert das Spiel und gibt Feedback über richtige und falsche Antworten (Abb. 1.19). Sie können sich nun mit Ihren Schülerinnen und Schülern auf das Spielen konzentrieren. „Weiter" und ans Ziel kommt man natürlich nur mit richtigen Antworten.

Um die hohe Motivation der Schülerinnen und Schüler beim Spielen für *individuelle* Lernprozesse zu nutzen, ist es sinnvoll, die interaktive Tafel lediglich als *eine* Station im Klassenraum zu verwenden. Ein bis drei Lerner arbeiten dann dort, während der Rest der Klasse in dieser Zeit andere Aufgaben bearbeitet. In einem derartigen Unterrichtsarrangement kann die digitale Tafel als *Lernpartner* genutzt werden. Wie oben lernen die Schülerinnen und Schüler in motivierender und aktiver Form und erhalten vom Computer Rückmeldung über die Qualität ihrer Antworten.

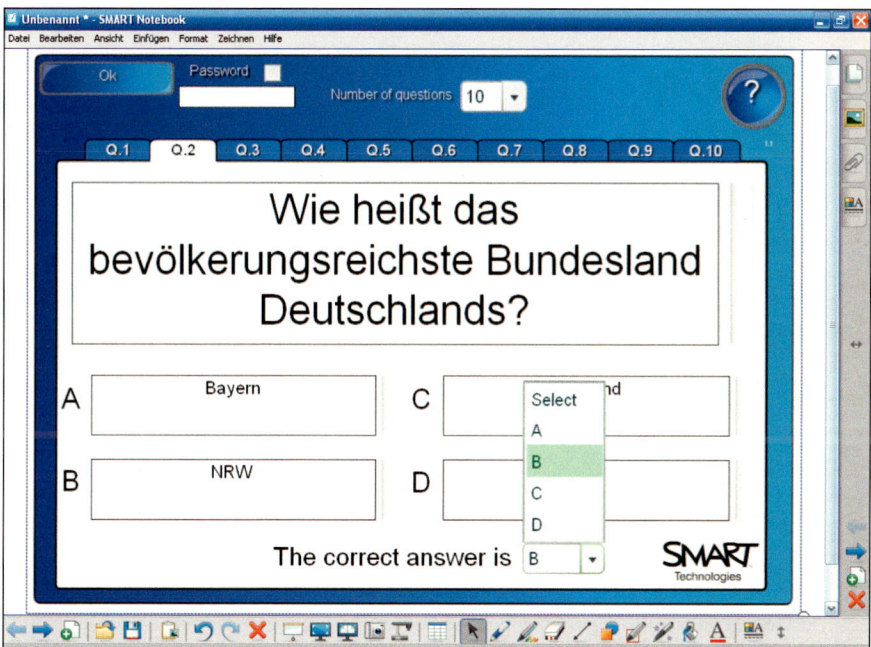

1.19: MC-Quiz im Editier-Modus

Praxis-Tipp

Auch die Spielvorlagen in der Notebook-Software eignen sich aufgrund ihrer einfachen Bedienung zur Gestaltung durch Schülerinnen und Schüler. Lassen Sie einzeln Schüler oder Gruppen ein Quiz, ein Ratespiel oder ein Memory für andere erstellen. Auf diese Weise vergewissern sich Lernende ihrer Kenntnisse in binnendifferenzierter Form.

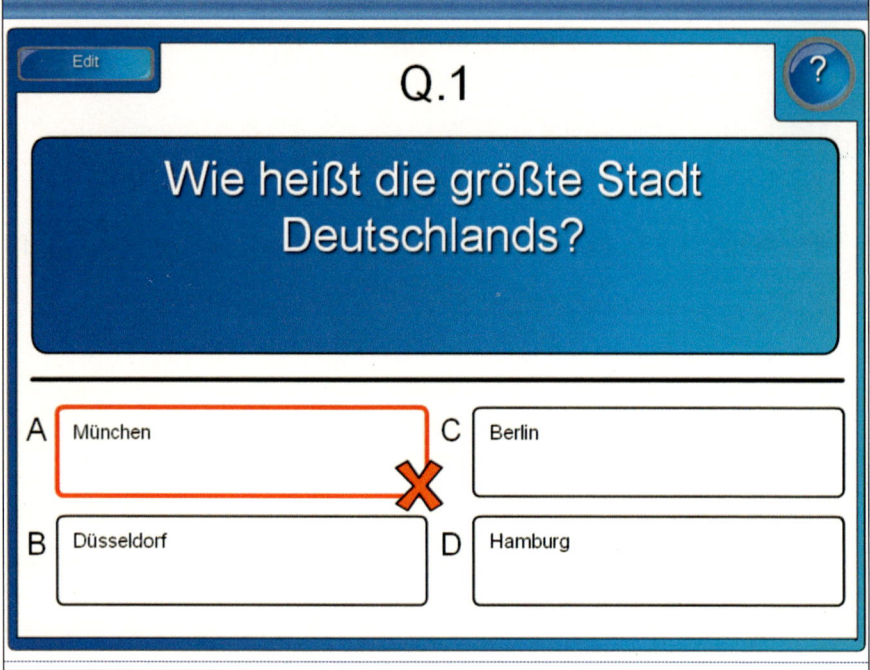

1.20: MC-Quiz in der ersten Frage

1.10 Tipps und Tricks für Einsteiger

Das erste Kapitel möchten wir mit einigen Tipps und Tricks abschließen, die Ihnen den Einstieg in die praktische Arbeit mit interaktiven Whiteboards im Klassenzimmer erleichtern sollen. Erfahrungsgemäß erfordert der Einstieg bei vielen Lehrerinnen und Lehrern die Überwindung einer gewissen Hemmschwelle. Dies ist eigentlich unnötig, wenn man sich bewusst macht, dass es sich bei einem interaktiven Whiteboard um nichts anderes handelt, als um ein *Eingabegerät* für einen Computer. Alles, was Sie derzeit am PC zu Hause oder in der Schule tun, können Sie nun im Klassenzimmer genauso – jedoch viel direkter – tun, da Sie den Rechner nun an der digitalen Tafel steuern und zudem auch noch handschriftliche Ergänzungen vornehmen können. Ihre Aufmerksamkeit kann dabei voll der Klasse zugewandt bleiben, da Sie nicht hinter einem Rechner sitzend agieren müssen. Aber im Wesentlichen ist es für Sie nichts Neues!

Dennoch empfiehlt es sich, sich vor Einsatz im Unterricht mit dem Board im Klassenraum vertraut gemacht zu haben. Nehmen Sie sich Zeit ohne Publikum, Ihr interaktives Whiteboard zu erkunden.

Üben Sie gezielt folgende Basisfunktionen:
- ✓ Starten des Computers und Beamers
- ✓ Prüfen der Verkabelung im Falle einer Störung
- ✓ Kalibrieren des Whiteboards, d. h. das Einstellen des Rechners auf die Bilddarstellung des Beamers auf dem Board
- ✓ Steuern des Rechners am Whiteboard
- ✓ Schreiben am Whiteboard (mit verschiedenen Stiften oder mit dem Finger)
- ✓ Die richtige Andruckstärke finden
- ✓ Die richtige Haltung zum Whiteboard für sich finden (Schlagschatten!)

So vorbereitet, werden Sie souveräner in der Unterrichtssituation mit dem neuen Medium umgehen können. Auch zu Hause können und sollten Sie sich auf den Unterricht mit interaktivem Whiteboard vorbereiten. Besorgen Sie sich die Boardsoftware, die für Ihr Board in der Schule verwendet wird, und installieren Sie diese auf Ihrem heimischen Rechner.

Machen Sie sich mit den wichtigsten Funktionen vertraut:
- ✓ Öffnen und Speichern von Dateien
- ✓ Erzeugen von Textobjekten und Formen
- ✓ Verschieben, Kopieren und Einfügen von Objekten wie z. B. Bildern
- ✓ Funktion „Rückgängig machen"

Obwohl Sie zu Hause kein Whiteboard zur Verfügung haben, können Sie die Funktionen der Boardsoftware dort in Ruhe erproben. Statt Finger oder Stift am Board verwenden Sie einfach die Maus Ihres Computers. Wer das Zeichnen und handschriftliche Schreiben für seine Unterrichtsvorbereitung nicht missen möchte, dem sei folgende Lösung empfohlen: Schaffen Sie sich ein *Grafik-Tablet* an, welches mit Ihrem Rechner verbunden werden kann. So können Sie auch zu Hause die Stiftfunktionalität der Boardsoftware zur Unterrichtsvorbereitung nutzen. Eine teurere Alternative wäre die Anschaffung eines Tablet-PCs, der sich ebenfalls per Stifteingabe bedienen lässt und dafür die Möglichkeit bietet – wie am Whiteboard auch – direkt auf dem Bild zu schreiben und zu zeichnen.

Natürlich wird jeder Nutzer einen eigenen Zugang zu dem neuen Medium im Klassenraum finden. Dies ist auch ganz normal und hängt vom jeweiligen Menschen und Lehrer ab. Ein Hinweis für den Anfang scheint aber dennoch angebracht: Interaktive Whiteboards eignen sehr gut für einen niederschwelligen Einstieg! Beginnen Sie deshalb mit der Arbeit ohne sich bis ins Details in die Boardsoftware eingearbeitet zu haben. Nehmen Sie sich nicht zuviel vor, sondern beginnen Sie damit, das Whiteboard zunächst als „Tafel mit Farbstiften und Schwamm" zu nutzen, so, wie Sie das bisher mit der grünen Tafel auch getan haben. Lernen Sie dabei den „Rückgängig"-Knopf schätzen, der Ihnen jeden Fehler sofort wieder von der Tafel entfernt. Möglichweise werden Sie Ihr erstes digitales Tafelbild sogar abspeichern und zu Hause oder in der nächsten Unterrichtsstunde weiterbearbeiten. Nach und nach werden sich Ihnen die Funktionen des Whiteboards und der Boardsoftware durch Erproben am Board und zu Hause erschließen; beginnen können und sollten Sie aber mit ganz wenigen Funktionen.

Gerade anfangs empfiehlt sich der Austausch von Erfahrungen mit anderen Lehrerinnen und Lehrern, die ähnlich wie Sie Fragen haben und Lösungen suchen. Alle größeren Whiteboard-Hersteller bieten hierfür im Internet Plattformen und Foren an, die inzwischen wohlfrequentierte Anlaufstellen für Nutzer geworden sind. Es gibt aber auch unabhängige Foren für die stetig wachsende „Whiteboarder"-Gemeinde. Loggen Sie sich ein, um Erfahrungen auszutauschen, Hilfe zu bekommen und Material mit anderen Lehrerinnen und Lehrern auszutauschen. Die wichtigsten Foren sind:

- **exchange.smarttech.com**
- **www.prometheanplanet.com**
- **www.MyBoard.de**
- **www.Lehrer-Online.de**
- **www.Lehrerfreund.de**

 Diese und weitere Links haben wir für Sie auf unserer Internetseite zusammengestellt.

2. Digitale Werkzeuge kompetenzorientiert einsetzen

2.1 Bürosoftware oder Schulsoftware?

Über interaktive Whiteboards hat sich – sozusagen durch die Hintertür – die Basis für Schulsoftware entwickelt. Da diese digitalen Tafeln eine spezifische Bedienungs- bzw. Arbeitsoberfläche benötigen, entwickelten sich in den letzten Jahren entsprechende Softwarelösungen. Dabei entstanden Produkte, die Ähnlichkeiten mit den folienorientierten Präsentationsprogrammen aufwiesen. Interaktive Tafelbilder sollten flexibel entwickelt sowie auch schon am heimischen Computer vorbereitet werden können. Auf diesem Weg waren Werkzeuge programmiert worden, die die Büroanwendungen in diesem Zusammenspiel nicht aufweisen. Die Einbeziehung der Schülerinnen und Schüler ist dabei nicht ursächliches Ziel gewesen und nur vereinzelt von Lehrkräften aufgegriffen worden. Im Beitrag „Standardsoftware PowerPoint versus Smart Notebook"[1] aus dem Jahr 2004 wurden die didaktisch-methodischen Vorzüge gegenüber der Nutzung von Powerpoint im Unterricht beschrieben. Dieser Beitrag wurde ins Englische übersetzt und dem Hersteller nach Kanada übermittelt. Seitdem scheint die weitere Softwareentwicklung Schülerinnen und Schüler mehr in den Blick genommen zu haben. Dazu muss erläutert werden, dass im englischsprachigen Raum, in dem es schon eine weite Verbreitung von interaktiven Wandtafeln gibt, sehr stark lehrerzentriert gearbeitet wird. Die Arbeit von Schülerinnen und Schülern ist im hier aufgezeigten Zusammenhang deshalb wohl nicht wahrgenommen worden.

Das Unternehmen Smart Technologies hat mittlerweile eine unabhängige Version der Software ihrer digitalen Wandtafel auf den Mark gebracht. Eine *Student Edition* ist für die Schülerinnen und Schüler fortentwickelt worden, die als portable Version auf einem speziellen USB-Stick ausgeliefert wird. Die Software ist auch auf Computern direkt installierbar und mit dem mobilen Schülercomputer *Classmate PC* als sogenannter Software Stack mitgeliefert. Eine spezifische Mathematik-Version stellt den nächsten Spezialisierungsschritt dar. Unabhängig davon kann die Standardversion der Notebook-Software weiterhin als Schullizenz auf der Grundlage der Lizenzbedingungen von allen Schülerinnen und Schülern und Lehrkräften kostenfrei installiert

[1] **Gutenberg, Ulrich:** *Standardsoftware PowerPoint versus Smart Notebook. Eine Alternative für die Digitale Schulbank.* In: Computer + Unterricht (Friedrich-Verlag). Themenheft: Software beurteilen, Nr. 56, S.55–57, 4. Quartal 2004.

werden (medienkonzeptionelles Lizenzmanagement für Schulen). Dies gilt auch für andere Anbieter in ähnlicher Weise, wie zum Beispiel die Boardsoftware ActivStudio von Promethean.

Office-Softwares gelten weltweit als Standardanwendungen. Sie sind seit Jahrzehnten für die professionellen Anforderungen der Büroarbeit fortgeschrieben worden und haben heute einen sehr hohen Komplexitätsgrad im Zusammenspiel verschiedener Spezialanwendungen (z. B. Textverarbeitung, Tabellenkalkulation, Präsentationserstellung, Datenbankaufbau). Im Zuge der allgemeinen Verbreitung von Personal Computern ist Bürosoftware auch in den Unterricht gelangt und wird dort mittlerweile bis in den Grundschulbereich in Teilkomponenten als Standardsoftware definiert. Um die schon in der Bezeichnung Bürosoftware liegende Zielgruppenwidersprüchlichkeit deutlich zu machen, ist hier im Weiteren Office-Software der Schulsoftware gegenübergestellt worden.

Die nachfolgend aufgeführten Kriterien für Schulsoftware sollten bei den unterschiedlichen Boardsoftware-Anbietern mit eigenem Ermessen überprüft werden, da es sehr große Qualitätsunterschiede bei der Bedienerfreundlichkeit und der Qualität sowie Quantität der Werkzeuge gibt.

Kriterien von Schulsoftware

Schulsoftware muss für die Aufgaben und Anforderungen alltäglicher Schulbank- bzw. Schreibtischtätigkeit der Schülerinnen und Schüler konzipiert sein. Der zentrale, allerdings hier auch stark verallgemeinerte, Unterschied zwischen Bürotätigkeit und Schularbeit liegt darin, dass Bürosoftware zur schnellen und angemessen formalen Darstellung und Strukturierung von spezifischen Inhalten geschaffen wurde. Diese Inhalte bestehen bei den Anwendern prinzipiell schon. Sie sind Bestandteil des spezifischen Know-hows eines Unternehmens oder einer Verwaltung. Gestützt von Office-Software werden diese Inhalte verarbeitet und im Endprodukt häufig gedruckt in Standardformatierungen weitergegeben. Im Gegensatz dazu wird in der Schule bei den Schülerinnen und Schülern Know-how erst entwickelt. Der Prozess der Bildung steht im Mittelpunkt. Mit Hilfe von Methoden werden Inhalte erarbeitet. In dem hier verwendeten Zusammenhang wird dieser Erarbeitungsverlauf als Erschließungsprozess pointiert. Damit wird zum Ausdruck gebracht, wie Medien mit Werkzeugen (Softwaretools) und Methoden von den Schülerinnen und Schüler inhaltlich aufgeschlossen werden.

Polarisierend ausgedrückt müssen die Werkzeuge der Schulsoftware das Erschließen von Inhalten in den Vordergrund stellen, wohingegen die Hauptaufgabe von Bürosoftware eine schnelle und standardisierte Formatierung ist.

Da Schule aber für die Arbeitswelt vorbereiten soll und nur intuitive Nutzung von Software die wirkliche Konzentration auf die Inhalte ermöglicht, muss Schulsoftware dennoch zu den Standardanwendungen hinführen. Sie muss verwandt sein in ihrer grundlegenden Bedienung und dem dazugehörigen Grunddesign.

Didaktische Reduktion hat auch bei diesen Werkzeugen für den Unterricht eine tragende Bedeutung. Schulsoftware muss deshalb in klaren und überschaubaren Strukturen alle Medienarten (Text, Zahl, Bild, Ton, Film) verarbeiten können. Medienerschließung mit einem erweiterten Textverständnis soll in einer weitestgehend offenen Arbeitsoberfläche stattfinden, die durch wenige automatisierte Formatierungen das eigene Denken anregt. Die Werkzeuge und der Aufbau der Software müssen also kreative Lösungen fördern, um Inhalte „gehirn-gerecht"[2] verarbeiten zu können.

 Folgen Sie dem Link auf unserer Internetseite, um weitere Kriterien für Schulsoftware zu finden.

In den letzten Jahren sind, verstärkt durch die eingeschränkten finanziellen Möglichkeiten im Bildungsbereich, so genannte Open-Source-Produkte[3] in die Schulen gelangt. Am bekanntesten ist in diesem Zusammenhang OpenOffice.org[4] als Alternative für kommerzielle Bürosoftware. Es gibt aber unzählige weitere Tools, die für spezifische Aufgaben im Unterricht sehr gut geeignet sind. Sie können die Schulsoftware allerdings nur im fortgeschrittenen Prozess der Kompetenzentwicklung gezielt unterstützen. Viele dieser Programme sind oft nicht förderlich im Lernprozess. Das tiefe Verständnis

---

[2] „Gehirn-gerecht" ist ein Begriff, der von Vera Birkenbihl geprägt wurde. Sie bezeichnet damit das von ihr entwickelte Arrangement von Lerntechniken, welche auf den wissenschaftlichen Erkenntnissen der Funktionsweise des menschlichen Gehirns beruhen. Besonders bekannt ist sie durch ihre Methode des Sprachenlernens geworden. Ein grundlegende Einführung in ihre Lerntechniken findet man im Buch Birkenbihl, Vera: *Stroh im Kopf? Vom Gehirn-Besitzer zum Gehirn-Benutzer.* 47. Auflage, 2007.

[3] Quelloffene, „freie" Software, die unentgeltlich genutzt und weitergegeben werden kann.

[4] Ein kostenloser Download ist unter http://de.openoffice.org möglich.

vom Lernen muss die Grundlage von Programmentwicklungen sein – nicht das programmiertechnisch Machbare. Beispielhaft dafür sind die so genannten Mind-Mapping-Programme. Die ursprüngliche Idee von Mind-Maps („Gedächtnis-Karten") sollte die Merkfähigkeit komplexerer Inhalte fördern. Mit Mind-Mapping-Software wurden daraus in den machbaren Funktionalitäten unpersönliche, in ihrer Komplexität unüberschaubare und in weiten Bereichen automatisierte Strukturierungswerkzeuge erschaffen.

2.2 Voraussetzungen für das Arbeiten mit digitalen Werkzeugen

Der Einsatz der Informations- und Kommunikationsmedien in der Schule ist abhängig von der Infrastruktur. Die Ausstattung der Schulen muss auf der Basis schulinterner und schulträgergestützter Medienkonzeptentwicklung und Medienentwicklungsplanung begründet sein. Methodisch-didaktische Vorüberlegungen sind grundlegend für die Infrastruktur. Für alle Schulen ist dies ein langwieriger und nicht endender Prozess.

Auf der anderen Seite muss die schon bestehende Infrastruktur auch ohne eine vollständige Verwirklichung didaktisch-methodischer Möglichkeiten genutzt werden. Im Regelfall stehen interaktive Wandtafeln in Klassenräumen, die nicht mit Schülercomputern ausgestattet sind. Dies schränkt die Möglichkeiten ein, schüler- statt lehrerzentrierten Unterricht mit Informations- und Kommunikationsmedien zu gestalten. Es ist nicht üblich, dass alle Schülerinnen und Schüler mit entsprechend kompetenter Moderation durch eine Lehrkraft computergestützt arbeiten können.

Deshalb wird hier ein Konzept vorgestellt, das zumindest sicherstellt, dass alle Schülerinnen und Schüler in ihrer Schulzeit einen systematischen und nah an alltäglichen Unterrichtssituationen orientierten Zugang zu den Informations- und Kommunikationsmedien bekommen.

Medienkonzeptentwicklung aus einer Keimzelle heraus

Die 5. Klassen bekommen, einem Fach zugeordnet, eine zusätzliche Unterrichtsstunde zu Informations- und Kommunikationsmedien. Die Schule hat zu diesem Zweck mindestens einen Computerraum mit möglichst vernetzten Rechnern und Internetzugang für jede Schülerin und jeden Schüler. Die Einführung in die Informations- und Kommunikationsarbeit wird auf der Basis der Schulsoftware durchgeführt, die jede Schülerin und jedem Schüler auch zu Hause zur Verfügung stehen muss. Nach einer Einführungsphase, in der die Bedienung des Computers im schulischen Netzwerk im Vordergrund steht, werden die jeweiligen Fachinhalte in den Vordergrund gerückt. Dies gelingt dann besonders erfolgreich, wenn die Schülerinnen und Schüler

Bedienungsabläufe sicher anwenden. Medienfächer wie Erdkunde, Biologie, Geschichte und auch Deutsch sind von ihren Fachinhalten besonders geeignet dafür. Der Datenaustausch findet über schülereigene USB-Sticks statt, da sie unabhängig vom Internet sind. Es können auch Austauschplattformen via Internet genutzt werden. Schon im ersten Schulhalbjahr absolvieren Schülerinnen und Schüler ihre Hausaufgaben digital mit der Schulsoftware, die die individuelle Arbeitsoberfläche darstellt. Tafeloberfläche und Schularbeitsoberfläche entsprechen somit der Arbeitsoberfläche außerhalb des Unterrichts. Der USB-Stick bzw. der Speicherplatz auf einer Plattform im Internet wird entsprechend als digitale Mappe genutzt. Verbindliches Leitmedium bleibt das Schulbuch, welches auch unabhängig vom Computer einsetzbar ist und für alle die Materialgrundlage bleibt. Auf diese Weise wird auch ein sinnvolles Wechselspiel zwischen analogen und digitalen Quellen herbeigeführt. Arbeitsblätter werden in digitaler Form für die Schulsoftware bereitgestellt. Die Arbeitsmethoden werden in diesem Fach in der digitalen Variante geschult. Kooperative Arbeitsformen und andere kompetenzfördernde Unterrichtsmethoden werden in den computergestützten Unterricht integriert. Für diese kooperativen Arbeitsformen stellen die schulinternen und -externen Kommunikationsnetzwerke den technischen Rahmen zum Austausch bereit.

2.3 Mediendidaktische Positionierung

Im ersten Teil des Handbuches wurden die vielfältigen Möglichkeiten der digitalen Wandtafeln im Klassenraum aufgezeigt. Dabei stand die zentrale Tätigkeit von Lehrkräften und Schülerinnen und Schülern an der Tafel im Mittelpunkt.

Schafft man aber die Rahmenbedingungen, dass Schülerinnen und Schüler ebenfalls computergestützt auf den Schulbänken und zu Hause arbeiten können, werden die Möglichkeiten der Informations- und Kommunikationsmedien erst vollends genutzt.

Der unterrichtsspezifische Umgang mit den Informations- und Kommunikationsmedien erfordert viele Fähigkeiten und Fertigkeiten, die sich Schülerinnen und Schüler nicht automatisch im privaten Umgang aneignen können. Zum Teil sind die privaten Nutzungsgewohnheiten sogar hinderlich für konzentrierte und zielgerichtete Arbeitsformen. Der schnelle Konsum reizüberfluteter Medien, das unkonzentrierte Surfen im „Klickuniversum" des Internets, die hohe Fehlerresistenz von Software und ein Automatisierungsgrad, der visuell eigene Tätigkeit vortäuscht, hat Einfluss auf Wahrnehmung und Verstehensfähigkeit.

Die Überlegung, tafeleigene Software als Schulsoftware zu nutzen, öffnet den Weg zu einer standardisierten Arbeitsoberfläche, die allen am Unterrichtsprozess Beteiligten universell zur Verfügung stehen kann. Ein Arbeitsergebnis einer Schülerin und eines Schülers kann beispielsweise zum Tafelbild werden, welches von allen anderen am heimischen Computer weiterentwickelt werden kann. Der „Workflow"[5] im Arbeitsprozess ist bei entsprechender Ausstattung der Lerngruppe optimiert und erleichtert kooperatives als auch individuelles Lernen. Auf dieser Arbeitsoberfläche mit den unterrichtsnahen Werkzeugen kann „Guter Unterricht"[6] unterstützt werden.

„Guter Unterricht" resultiert aber nicht automatisch aus sinnvoller und verlässlicher Integration von Soft- und Hardware, sondern nur im Zusammenspiel mit anderen Komponenten der Unterrichtsgestaltung und Schulorganisation. Hierin liegt aus unserer Perspektive die größte Herausforderung der Schulentwicklung. Der hohe Vernetzungsgrad der Medien und die tiefe Durchdringung unseres Alltags mit Informations- und Kommunikationsmedien müssen mit den gesellschaftlich verabredeten Bildungsinhalten (Bildungsstandards) und den Erkenntnissen der Lehr- und Lernforschung konvergieren.

Mit dem exemplarischen Oberthema „Von der Informationserschließung zur Präsentation" wird der Beginn dieses Weges mit Praxiselementen erläutert. Aus den Bildungsstandards wurden zu diesem Zweck Teilkompetenzen mit Medienbezug aufgeschlüsselt:

- Recherchekompetenz
- Strukturierungskompetenz
- Kooperationskompetenz
- Produktionskompetenz
- Präsentationskompetenz
- Reflexionskompetenz

[5] Workflow (dt.: Arbeitsablauf): Die Wirtschaft nutzt diesen Begriff, um zu hinterfragen, wie im Arbeitsprozess eines Unternehmens Abläufe reibungslos ineinander greifen. Insbesondere sucht man dabei nach Wegen, wie Informationstechnologie (z. B. Anwendungssoftware) optimal in den Arbeitsprozess integriert werden kann.

[6] **Meyer, Hilbert:** *Was ist guter Unterricht?* Cornelsen-Verlag, 15. Auflage, 2004.

Kompetenzbereiche werden in der Literatur unterschiedlich abgegrenzt und formuliert. Die Fähigkeit, sich zu informieren wird hier bei der Recherchekompetenz, die Kommunikationsfähigkeit bei der Kooperationskompetenz und die Analysefähigkeit bei der Reflexionskompetenz subsumiert.

Damit einher gehen Methoden, die im kompetenzorientierten Unterrichtsprozess entwickelt werden. Fünf Teilkompetenzen beziehen sich dabei auf das „Lernen mit Medien". Darüber hinaus wird auch ein Beispiel aufgegriffen, dass das „Lernen über Medien"[7] als Reflexionskompetenz einbezieht. In den Bildungsstandards ist dieser Bereich mit Medienbezug unserer Meinung nach unterrepräsentiert.

2.4 Von der Informationserschließung zur Präsentation

Recherchekompetenz

Recherchieren im computergestützten Unterricht setzt zwangsläufig den Fokus auf das Internet. „Googeln" ist dabei zu einer Art „Volksmethode" geworden. Bei Kindern beschränkt sich das „Googeln" sogar häufig nur auf die Bildersuche, sodass die Informationsauswahl noch eingeschränkter ist. Unterricht kann aber von einer viel größeren Tiefe des Netzes profitieren. In diesem Zusammenhang ist Wikipedia (http://de.wikipedia.org) als freies Lexikon in die Diskussion geraten. Wikipedia ist zwar umstritten, wird aber dennoch häufig im schulischen Kontext genutzt. Weitere Ressourcen im Netz, wie Suchmaschinen für Kinder (z. B. www.blindekuh.de), Literaturdatenbanken, YouTube oder Podcast-Angebote finden auch immer mehr Verbreitung. Im hier aufgezeigten Zusammenhang steht nicht die Quellensuche und Quellenauswahl im Mittelpunkt, sondern der Umgang mit Fundstellen (Medienelemente).

Bei der Recherche löst man einzelne Medienelemente, wie Textpassagen oder Bilder, aus dem Internet heraus und transportiert diese in die eigene Arbeitsoberfläche. Dort liegen dann Textpassagen, Bilder, aber auch Filme und Töne, als Objekte. Arbeitet man nur mit einem oder einer überschaubaren Anzahl von Medienelementen, dann reichen Folien aus, auf denen die Texte, Bilder usw. erschlossen werden können. Für eine umfangreichere Arbeit können die Medienelemente in speziellen Ordnern in der Materialsammlung der Schulsoftwares gesammelt werden. Im hier gezeigten Beispiel können die Medienelemente sogar mit Schlüsselwörtern verknüpft werden.

---

[7] Länderkonferenz MedienBildung: Kompetenzorientiertes Konzept für die schulische Medienbildung. LKM-Positionspapier, Stand: 01.12.2008 (http://www.laenderkonferenz-medienbildung.de/LKM-Positionspapier.pdf)

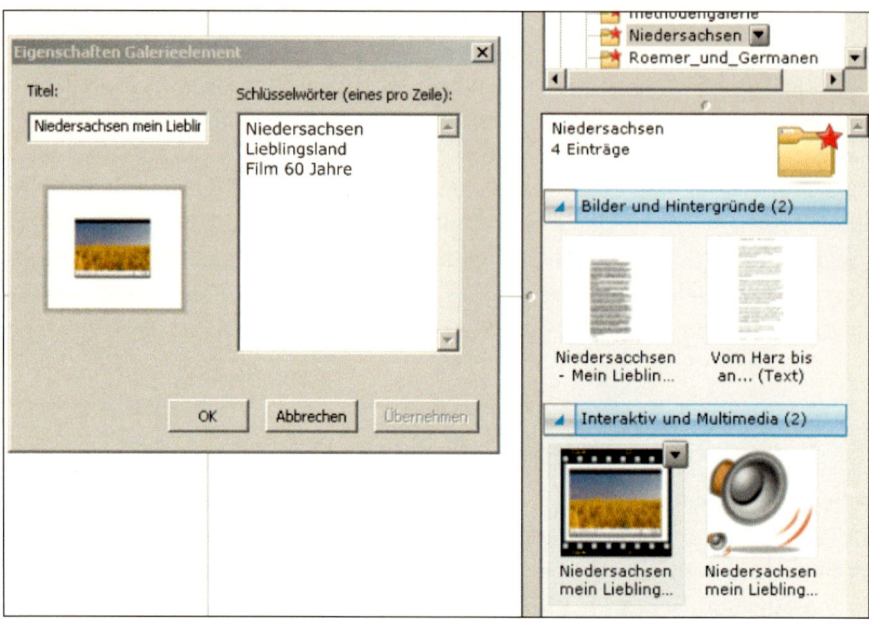

2.1: Materialsammlung Niedersachsen in einer Sammlungsdatei mit Datenbank-funktionen (Bsp. Notebook-Software)

Zum Thema „Niedersachsen – mein Lieblingsland" sind aus der Internet-quelle www.niedersachsen.de im Bereich „Land und Leute" verschiedene Medienelemente zusammengetragen und in einer Sammlungsdatei zusam-mengeführt worden. Jedes Medienelement kann spezifisch verschlagwortet werden (Abb. 2.1 Materialsammlung, linke Seite). Auf der Grundlage dieser Begriffe kann in dieser kleinen Datenbank auch recherchiert werden.

Strukturierungskompetenz

Schon beim Aufbau der obigen Materialsammlung, also während der Re-cherche, erfolgte eine Vorstrukturierung der Inhalte in der kleinen Daten-bank der Medienelemente.

Mit einem erweiterten Textverständnis erstreckt sich das anschließende Ex-zerpieren *in* den Medienelementen über Textquellen hinaus auch auf Bilder, Töne und Filme, die in sich und im Zusammenhang problembezogen aufbe-reitet werden. Schlüsselwörter (aus Text/Ton) und -bilder (aus Bild/Film) werden mit unterschiedlichen Darstellungsformen (Tabellen, Mind-Maps, Concept-Maps, thematischen Karten, Kausalketten, Strukturskizzen usw.) strukturiert und in Sinnzusammenhänge gestellt.

Kooperationskompetenz

Eine gezielte Recherche und ein Exzerpt sind in Einzelarbeit sinnvoll. Der Austausch der Erkenntnisse und die Auseinandersetzung mit unterschiedlichen Lösungen bedürfen kooperativer Lernformen, die beim computergestützten Unterricht im Netzwerk zu einem reibungs- und verlustfreien Transport der Arbeitsergebnisse führen. Verschiedene Ergebnisfolien (siehe 2.3) können in einer Datei gebündelt werden und in Gegenüberstellungen verglichen werden. Der „Bilderdienst" der Klasse, der dafür verantwortlich ist, die vielen Schlüsselbilder der Arbeitsgruppen aus dem Videoclip zusammenzutragen, zu ordnen und zu komprimieren, ist ebenfalls schon eine solche Arbeitsform.

Die beiden Texte (siehe 2.2) können ausgetauscht, verändert und ergänzt werden. Diese Möglichkeiten begleiten den kommunikativen Prozess zwischen den Schülerinnen und Schülern. Diese Phase muss geprägt sein von zielgeleitetem Zusammenspiel zwischen Menschen und Maschinen. Solche Abläufe sind besonders hervorzuheben, da die Kommunikation auf sehr unterschiedlichen Ebenen stattfindet:

- Mensch ⇔ Mensch
- Maschine ⇔ Maschine
- Mensch ⇔ Maschine ⇔ Mensch

Eine Herausforderung für die Schülerinnen und Schüler, für die Lernen von Fachinhalten nur dann möglich wird, wenn sie sich souverän in solchen Kommunikationsnetzwerken bewegen.

Produktionskompetenz

Es bedarf unterschiedlicher Fertigkeiten beim Umgang mit den Werkzeugen auf der „digitalen Schulbank", um zielstrebig Produkte erzeugen zu können. Auch eine Präsentationsfolie ist ein Produkt, welches aber erst durch den Vortragenden die vollständige Bedeutung erhält. Weitere Produkte können Informationsblätter, eine Materialsammlung, eine Internetseite oder ein Plakat sein. Bei allen Erzeugnissen muss die Form der späteren Nutzung während der Produktion berücksichtigt werden. Dies setzt kompetenten Umgang mit gestalterischen Mitteln voraus und erfordert vorausschauendes Handeln, da schon bei der Gestaltung klar sein muss, ob die Inhalte am Computerbildschirm, per Beamer oder ausgedruckt dargeboten werden sollen. Ein eng verzahntes Handeln bei der Bearbeitung inhaltlicher Fragestellungen und der Anwendung der Produktionswerkzeuge ist gefordert.

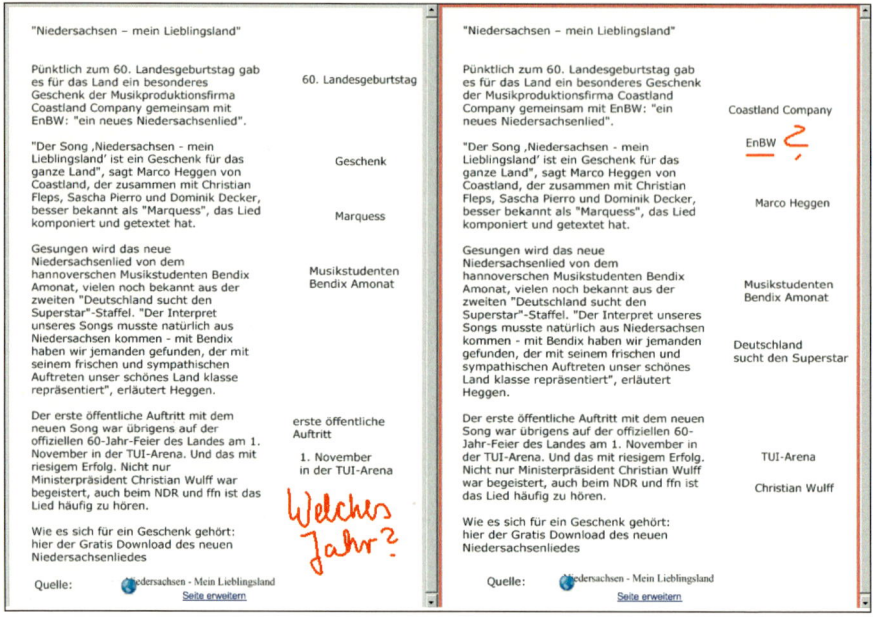

2.2: Zusammenführung von unterschiedlichen Arbeitsergebnissen in einer Datei (Gegenüberstellung von zwei Seiten)

 In diesem Zusammenhang sei auf die Publikation „Unterrichtsentwicklung mit den IuK-Medien" in der Reihe „Texte zur Medienbildung" vom Niedersächsischen Landesamt für Lehrerbildung und Schulentwicklung (NiLS), 2009 hingewiesen. Dort werden in einer ausführlichen Lernspirale „Erste Schritte zur Präsentationskompetenz" schülerzentriert mit Schulsoftware aufgezeigt.

Präsentationskompetenz

In dem hier ausgewählten Zusammenhang steht die Präsentation von erarbeiteten Folien an digitalen Wandtafeln im Mittelpunkt. Trotz aller medialen Möglichkeiten gelingen Vorträge nur wirklich gut, wenn der Mensch durch Gestik, Mimik und Rhetorik die Präsentationsinhalte mit Leben füllt. Mit digitalen Wandtafeln ist das Zusammenspiel zwischen Mensch und Maschine wieder intensiviert worden, da der Vortragende direkt „in" den Präsentationsinhalten agieren kann. Es erfordert demnach erhöhte Kompetenz, die Inhalte auf der Tafel im Geleit des gesprochen Wortes und der sonstigen Körpersprache darzubieten. Das Beispiel (Abb. 2.3) stellt die Ergebnisse der vorherigen Erarbeitungsphasen zum Thema „Niedersachsen – Mein Lieblingsland" dar. Diese Folie in Verbindung mit einem lebhaften Vortrag und den Möglichkeiten, an der digitalen Tafel einzelne Elemente hervorzuheben und zu bewegen, genügen. Das Gesamtergebnis wird flexibel auf einer Folie zusammengefasst. Trotzdem ist der intensive Arbeitsprozess durch Folien der Film- und Texterschließung und die Sammlungsdatei als kleine Datenbank der Medienelemente in der gleichen Umgebung dokumentiert. Entwickelte topografische Kenntnisse sind dabei klar dargestellt. Mit den Schlüsselbildern eröffnen sich darüber hinaus auch Reflexionsmöglichkeiten.

Reflexionskompetenz

Medien haben ihre Wirkung, was am deutlichsten durch die Werbung offengelegt wird. Schnellste Abfolgen von Bildern, die z. B. Klischees besetzen, bewirken viel und führen nicht automatisch zur Reflexion dieser Wirkung. Die Informations- und Kommunikationsmedien können die Menschen aber nicht nur zu passiven Konsumenten machen, sondern bieten auch Werkzeuge an, die diese Mechanismen zu durchdringen helfen.

Die vorbeifliegende, plakative und wirklichkeitsentfremdete Medienwelt kann mit Softwaretools analysiert werden. Der Musikclip „Niedersachsen – Mein Lieblingsland" mit harten Schnitten kann an einzelnen Schlüsselbildern untersucht, Tonsequenzen können beliebig wiederholt und die Zoom-Funktion auf Bilder angewendet werden. Werkzeuge, die Reflexionskompetenz unterstützen, müssen folglich von Schülerinnen und Schülern sowie Lehrerinnen und Lehrern beherrscht und methodisch richtig angewendet werden. Im hier dargestellten Zusammenhang kann an der Ergebnisfolie oben die unterschiedliche Wirkung von Film und Text dargelegt werden. Der Film zeigt Niedersachen sehr klischeehaft als schönes Urlaubsland (viele Bilder von der Nordseeküste) mit pulsierender Metropole Hannover (sehr viele Bilder aus dem Raum Hannover), wohingegen im Text das Land Niedersachsen eher sehr ausgewogen mit allen Regionen dargestellt wird.

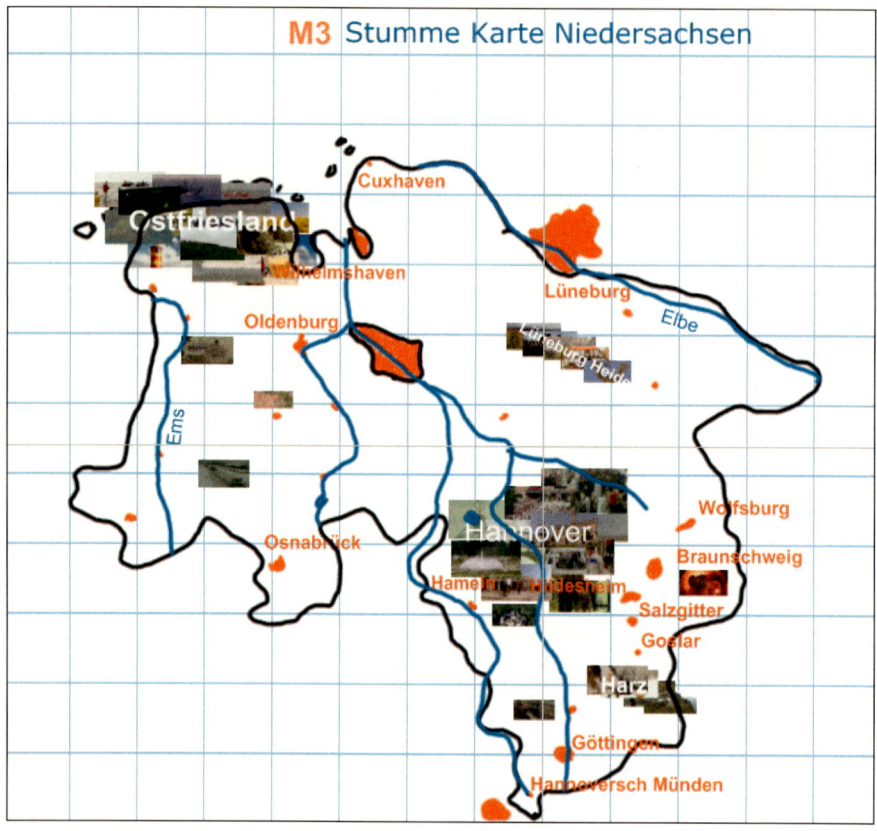

M3 Stumme Karte Niedersachsen

Cuxhaven

Ostfriesland

Wilhelmshaven

Lüneburg

Elbe

Oldenburg

Lüneburg Heide

Ems

Wolfsburg

Osnabrück

Hannover

Braunschweig

Hameln Hildesheim

Salzgitter

Goslar

Harz

Göttingen

Hannoversch Münden

2.3: Ergebnisfolie „Niedersachsen – Mein Lieblingsland"

3. Beispiele aus der Praxis

3.1 Hinweise zum Kapitel

Mit den praxisorientierten Erläuterungen im ersten und zweiten Kapitel sind Anwendungsszenarien vorgestellt worden, die unterschiedlichste didaktische Orte für digitale Wandtafeln aufzeigen. In allen Unterrichtsräumen können solche Tafeln integriert werden, wobei die Qualität und Quantität der Integration variieren. In den vorangegangen Kapiteln spielten Methoden schon eine begleitende Rolle, zumal Medium, Methode und Inhalt immer in einem engen Zusammenhang zu sehen sind. Das 3. Kapitel soll über Unterrichtsbeispiele verschiedener Fächer Einblicke geben, wie moderner computergestützter Unterricht mit digitalen Wandtafeln umgesetzt wird. Der Rückgriff auf die vorangegangenen Kapitel kann dann hilfreich sein, wenn man die Unterrichtsbeispiele an ihren didaktischen Orten erläutert haben möchte. Es lohnt sich auf jeden Fall auch in „fremde" Fächer zu schauen, weil bei der Auswahl der Unterrichtsbeispiele darauf geachtet wurde, dass eine weite Palette von Methoden und Medien eingearbeitet wurden. Die nachfolgende Übersicht soll dabei helfen, sehr schnell und gezielt in den Beispielen zu suchen. Dabei wird auf geeignete Methoden bzw. Materialien für Grundschulen hingewiesen (* in der Tabelle). Überhaupt sind die aufgezeigten methodischen Vorgehensweisen mit Texten, Zahlen, Bildern, Tönen und Filmen nach didaktischer Reduktion für den Transfer quer duch die Schulstufen geeignet.

Fächer und Themen	Kompetenzen	didaktischer Schwerpunkt	Seiten
Geschichte: Renaissance	Orientierung in der Zeit, Zeitstrahl	Binnendifferenzierung, Selbstüberprüfung	52-55
Deutsch: Gedicht*	Texterschließung Visualisierung	selbstgesteuertes Lernen	55-57
Deutsch: Sachtext*, Wetterbericht	Texterschließung	durch visualisierte Texterschließung zur Textproduktion	57-58
Englisch: On the Phone	Hörverstehen	Kommunikation	58-61
Englisch	Kommunikation, Testverfahren	Evaluation	61-63
Biologie: Merkmale Vögel	Sachfilmerschließung	handlungsorientierte und schülerzentrierte Filmanalyse	63-67
Mathematik: Zahlenverständnis*	Sortieren, Anordnen	Lernspiele	67-71

Fächer und Themen	Kompetenzen	didaktischer Schwerpunkt	Seiten
Mathematik: Geometrie	geometrische Konstruktionen, Dreieckskonstruktionen	Konstruktionen mit digitalen Werkzeugen	71-75
Kunst: Mittelalter, Renaissance	Bilderschließung, Bildvergleich, Zentralperspektive	von der Bilderschließung zur Bilderstellung	75-79
Erdkunde: Zeitzonen	Texterschließung	Modellbildung	80-82
Erdkunde: Wolken*	Bildverarbeitung	von der Bildverarbeitung zur Eigenproduktion	82-84
Erdkunde: Lebensraum dt. Küste*	Satellitenbildauswertung	topografische Selbstüberprüfung	84-86
Erdkunde: Hannover Messe	Bilderschließung	Kommunikation und Kooperation	86-88
Erdkunde: Klima in Europa	Sachfilmerschließung	Vom Medienvergleich zur Reflexion	88-90

3.2 Geschichte am Zeitstrahl

Gerade in Zeiten kompetenzorientierter Lehrpläne, die von den Fachkonferenzen bei deren Umsetzung zwangsläufig eine Schwerpunktsetzung fordern, fehlt Schülerinnen und Schülern häufig ein chronologisches Überblickswissen. Lehrpläne z. B. für die Jahrgangsstufe 8 „springen" innerhalb des 18. und 19. Jahrhunderts mehrmals hin und her. Auf die Französische Revolution folgt die Revolution von 1848, dann zumeist die deutsche Reichsgründung, um dann mit dem Thema Industrielle Revolution wieder am Ende des 18. Jahrhunderts zu beginnen. Für die Schülerinnen und Schüler stellt sich jedes Thema singulär dar. Ihnen bleibt häufig verborgen, dass Entwicklungen zeitlich parallel stattfinden und sich durchaus wechselseitig bedingen können. Es ist keine neue Erkenntnis, dass die Arbeit mit einer Zeitleiste Möglichkeiten bietet, diese Lücke zu füllen. In einer Zeitleiste können geschichtliche Ereignisse zeitlich eingeordnet werden, durch die Visualisierung wird den Schülerinnen und Schülern die Parallelität von geschichtlichen Vorgängen deutlich. Eine Zeitleiste kann über einen längeren Zeitraum im Unterricht fortgeführt werden, so dass sie immer wieder ergänzt werden kann. Sie hilft den Schülerinnen und Schülern dabei, sich über die Chronologie bewusst zu werden und ihre Orientierung in der Zeit zu finden.

Mit einer Zeitleiste auf der Oberfläche eines interaktiven Whiteboards zu arbeiten oder eine Zeitleiste mit Hilfe eines Whiteboards zu erstellen, bietet vielfältige handlungsorientierte Möglichkeiten, die über das herkömmliche Ausschneiden und Aufkleben hinausgehen. Zunächst ist zu unterscheiden, ob die Schülerinnen und Schüler selbsttätig eine Zeitleiste erstellen oder mit einer vorgegebenen Zeitleiste arbeiten.

Eine Zeitleiste selbst erstellen

Grundsätzlich bietet das interaktive Whiteboard die gleichen Vorteile für die Schülerinnen und Schüler wie jedes andere digitale Medium auch: Sie können auf der Oberfläche des Whiteboards nach Lust und Laune ausprobieren, Bilder und Grafiken einfügen, Daten verschieben, also immer wieder neu gestalten, ohne nervös sein zu müssen, eine Arbeit durch ein falsch aufgeklebtes oder beschriftetes Bild zu ruinieren. Materialien und Daten können im Internet recherchiert werden und problemlos in die Zeitleiste integriert werden. Die Schülerinnen und Schüler können in Partnerarbeit an ihrem Schüler-PC arbeitsteilig Zeitleisten zu speziellen Themen erstellen, die dann auf dem zentralen Whiteboard präsentiert werden. Mehrere dieser Detail-Zeitleisten können dann zu einer großen Überblickszeitleiste zusammengefügt werden. Zuletzt kann die fertige Zeitleiste ausgedruckt und im Klassenraum aufgehängt werden. Damit dieses Vorhaben optisch funktioniert, ist es sinnvoll den Zeitstrahl als Maske vorzugeben (Abb. 3.1). Um diese zu erstellen, bieten Whiteboards virtuelle Lineale oder Geodreiecke, mit deren Hilfe problemlos Zahlenstrahle gezeichnet und verankert werden können. An nicht-resistiven Whiteboards (z. B. dem ActivBoard von Promethean) können auch „reale" Zeichengeräte für den Tafeleinsatz verwendet werden. In den Materialsammlungen der Whiteboards finden sich auch vorgegebene unbeschriftete Zeitleisten, diese passen aber von deren Markierungseinteilung her in den seltensten Fällen genau entsprechend dem Unterrichtsvorhaben.

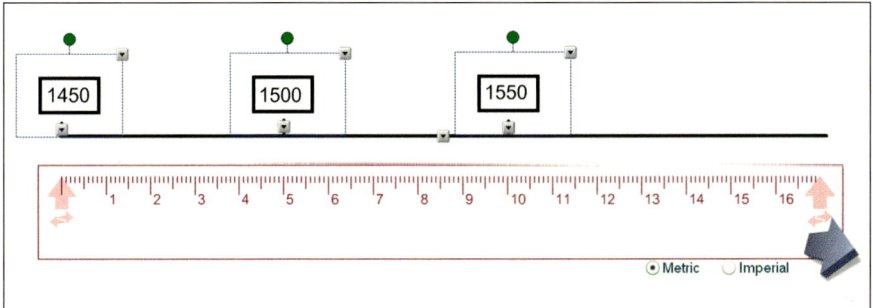

3.1: Erstellen eines Zeitstahls mit einem virtuellen Lineal

Die Zeitleiste als Mittel der Selbstüberprüfung

Über die kreative Arbeit einer selbst entwickelten Zeitleiste hinaus, bietet die Integration einer vorgegebenen Zeitleiste auf der Oberfläche eines interaktiven Whiteboards Möglichkeiten zur Selbstüberprüfung und zur Binnendifferenzierung am Ende einer Unterrichtseinheit. Grundlage dafür ist eine leere Zeitleiste, das heißt der Zeitstrahl ist als Grundelement vorgegeben. Dieser Zeitstrahl soll von den Schülerinnen und Schülern mit von der Lehrkraft ausgewählten Bildern, Grafiken, Daten und Personen aus der Unterrichtseinheit gefüllt werden. Die einzufügenden Elemente lassen sich am einfachsten auf einer zweiten Seite „zwischenlagern". Von dort können die Schülerinnen und Schüler sie per Drag & Drop ohne Probleme zur Zeitleiste ziehen. Wie viele dieser Elemente über den Zeitstrahl hinaus vorgegeben werden, kann ein Mittel der Binnendifferenzierung sein. Es können an bestimmten Stellen auf dem Zeitstrahl Platzhalter für Ereignisse oder Bilder ebenso wie parallel zum Zeitstrahl verlaufende Linien, um auf ein länger andauerndes Ereignis hinzuweisen, vorgegeben werden (Abb. 3.2).

Auch die einzufügenden Daten können binnendifferenziert vorbereitet werden. So macht es einen Unterschied, ob nur der Name einer Persönlichkeit oder dieser kombiniert mit den Lebensdaten in die Zeitleiste integriert werden soll. Wenn der anfangs leere Zahlenstrahl auf diese Art und Weise zu einer ausgefüllten Zeitleiste wurde, gibt es am Ende verschiedene Möglichkeiten zur Selbstüberprüfung. Die Lehrkraft kann die Zeitleiste ausgefüllt auf ihrem Lehrer-PC vorliegen haben, um sie den Schülerinnen und Schülern nach Beendigung der Aufgabe auf deren Schüler-PCs zur Verfügung zu stellen. Dieses ist sicher die einfachste Variante. Komplizierter zu erstellen, aber für die Schülerinnen und Schüler motivierender ist die Möglichkeit farblicher Markierungen. Dazu müssen an den Enden der vorgegeben leeren ebenso wie an den einzufügenden Elementen gleiche farbige Markierungen verankert werden. Nur die farbigen Markierungen der leeren Zeitleiste werden anschließend gruppiert und am Rand versteckt. Nachdem die Zeitleiste dann von den Schülerinnen und Schülern bearbeitet wurde, können sie die Farbmarkierungen vorziehen und ihr Arbeitsergebnis überprüfen (Abb. 3.2).

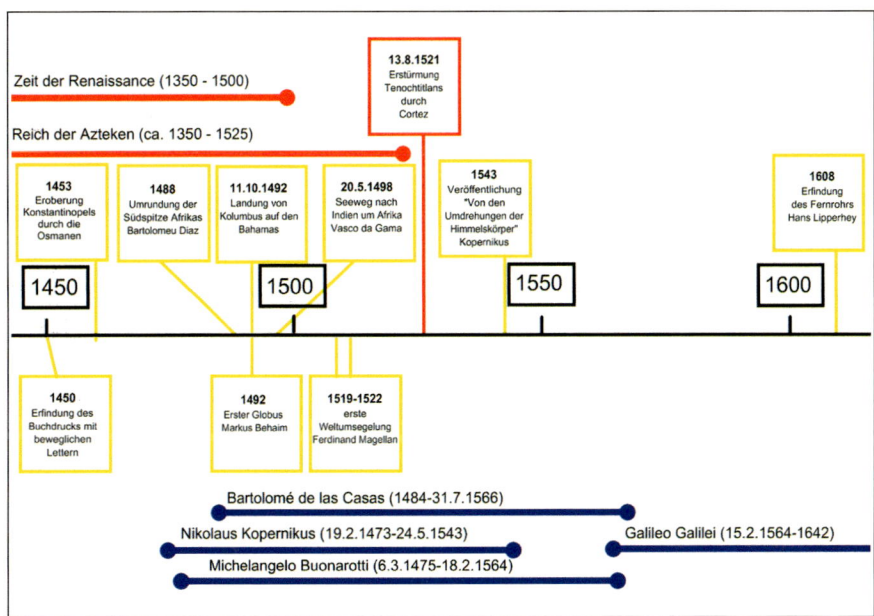

3.2: Fertiger Zeitstrahl mit Parallel-Linien (blau) und Platzhaltern für Ereignisse (gelb)

 Diese Unterrichtseinheit finden Sie zum Download unter der angegebenen Nummer auf unserer Internetseite.

3.3 Texterschließung durch Visualisierung

Es ist eine allgemeingültige Erkenntnis, dass sich Schülerinnen und Schüler Inhalte leichter und dauerhafter einprägen können, wenn mehrere Sinne angesprochen werden. Häufig bleibt dennoch die Erschließung von Texten mit dem Einsatz bloßer schriftlicher Mittel wie Unterstreichen, Gliedern durch Zwischenüberschriften etc. stehen. Gerade jüngere Kinder und leistungsschwächere Schülerinnen und Schüler in höheren Jahrgängen können sich aber mit zusätzlichen visuellen Hilfen Texte leichter erschließen. In diesem Kapitel werden in Form von Erfahrungsberichten zwei Beispiele aus dem Deutschunterricht vorgestellt, die die Verzahnung von visuellen Mitteln der Whiteboards mit der Erschließung von Texten zum Inhalt haben.

Erschließung eines lyrischen Textes

In diesem Beispiel setzten sich die Schülerinnen und Schüler einer 4. Klasse mit dem Gedicht „Einkehr" von Ludwig Uhland auseinander. Das Gedicht beschreibt, wie ein Wanderer zu einem Gasthaus kommt, wo er in netter Gesellschaft wunderbar vom Hausherrn selbst bewirtet wird und er schließlich nach erholsamer Nacht noch nicht einmal etwas zu bezahlen braucht. Das besondere an diesem Gedicht sind die Metaphern in jedem einzelnen Vers und dem Gedicht als solchem: Der Wirt ist in diesem Fall ein Apfelbaum und die Verse beschreiben die einzelnen „Dienstleistungen" dieses ungewöhnlichen Wirtes. Die Arbeit mit einer digitalen Wandtafel bietet für die Kinder nicht nur vielfältige Möglichkeiten, sich die Metaphern des Gedichtes zu erschließen, sondern hält darüber hinaus auch Hilfen bereit, das Gedicht auswendig zu lernen.

Zu Beginn der Unterrichtseinheit erhielten die Schülerinnen und Schüler das Gedicht als Text eingebettet in einer Datei im Format der jeweiligen Boardsoftware. Neben jeder Strophe befand sich ein leerer rechteckiger Kasten auf der Oberfläche. Nachdem das Gedicht im Unterricht mehrmals vorgelesen wurde, hatten die Kinder die Aufgabe, alle Beschreibungen des Gasthauses aus jeder Strophe per *"Drag & Drop"* in den jeweiligen Kasten zu ziehen (siehe auch Kapitel 1.5). Dann sollten sie entsprechende Bilder zu den Beschreibungen in der Bildergalerie der Materialsammlungen suchen oder selbst mit Hilfe der Malwerkzeuge erstellen. Danach lautete die Aufgabe, den Wirt des Gedichtes im Text zu markieren.

Einkehr

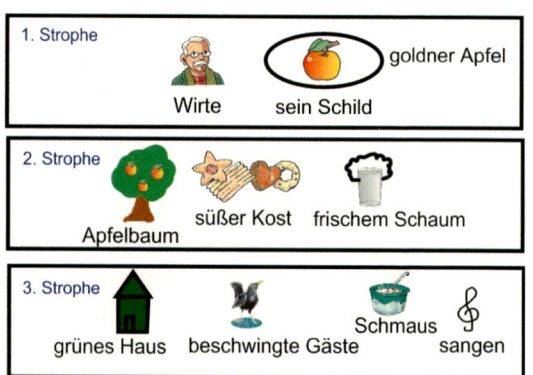

Bei einem Wirte wundermild,
da war ich jüngst zu Gaste,
ein goldner Apfel war sein Schild
an einem langen Aste.

Es war der gute Apfelbaum,
bei dem ich eingekehret;
mit süßer Kost und frischem Schaum
hat er mich wohl genähret.

Es kamen in sein grünes Haus
viel leicht beschwingte Gäste.
Sie sprangen frei und hielten Schmaus
und sangen auf das Beste.

3.3: Texterschließung am Beispiel der ersten drei Strophen von Ludwig Uhlands „Einkehr"

In einem zweiten Schritt lernten die Kinder das Gedicht auswendig. Hierbei wurden die Möglichkeiten digitalen Arbeitens besonders deutlich. Die Schülerinnen und Schüler sollten den eigentlichen Text strophenweise löschen, so dass nur ihr persönlich gestalteter Kasten der jeweiligen Strophe übrig blieb. Zuletzt klickten sie dann noch ihre Zitate aus dem Text weg, damit nur noch ihre Bilder zu sehen waren. An dieser Stelle sollten die Kinder dann den Text auswendig aufsagen können. Das Besondere an dieser Methode – was den Kindern beim Auswendiglernen sehr geholfen hat – ist die Möglichkeit, alle Schritte wieder rückgängig machen zu können. Wer den Text nur mit Hilfe der Bilder noch nicht auswendig aufsagen konnte, ließ seine Zitate wieder im Kasten erscheinen, wem auch das noch nicht reichte, ließ noch einmal den Originaltext anzeigen. So konnten die Kinder ihren Prozess des Auswendiglernens individuell steuern.

Beeindruckend war es, bei diesem Unterrichtsprojekt zu sehen, wie gerade Schülerinnen und Schüler, die sonst Schwierigkeiten bei der Arbeit mit Texten haben, sich hier mit Freude und Elan in die Auseinandersetzung mit dem Gedicht gestürzt haben.

Erschließung eines Sachtextes

Bei diesem Unterrichtsprojekt (7. Klasse Realschule) sollten die Schülerinnen und Schüler den Umgang mit einem Wetterbericht erlernen, dabei ihren Wortschatz erweitern und schließlich im Sinne einer Stillarbeit sich gezielt entscheiden können, für eine Radiosendung oder eine Zeitung eine eigene Wettervorhersage zu verfassen.

Auch bei diesem Unterrichtsprojekt halfen den Schülerinnen und Schülern die vielfältigen Möglichkeiten der Materialsammlung, in diesem Fall der Ressourcenbibliothek des Promethean ActivBoards. In einem ersten Schritt hatten sie die Aufgabe, aus einer vorgegebenen Wettervorhersage per *"Drag & Drop"* die genauen Informationen herauszuziehen. Danach sollten sie sich entsprechend ihrer gefundenen Informationen für eine passende Wetterkarte entscheiden, ihre Schlüsselwörter dort passend anordnen und mit der Karte verbinden. In einem nächsten Schritt konnten die Schülerinnen und Schüler in einem weiteren Wetterbericht die Schlüsselwörter markieren und auf einer vorgegebenen leeren Deutschlandkarte ihre Wetterkarte gestalten. Dazu suchten sie in der Ressourcenbibliothek nach entsprechenden Symbolen oder zeichneten diese selbst. Zuletzt hatten die Schülerinnen und Schüler die Aufgabe, mit Hilfe der Informationen einer vorgegebenen Wetterkarte selbst einen Wetterbericht zu verfassen (Abb. 3.4).

Eine Wetterkarte gestalten

3 Markiere im Text die entsprechenden Informationen und gestalte dann die Wetterkarte. Du kannst Symbole entweder selbst zeichnen oder aus der Ressourcenbibliothek einfügen.

Wetterbericht 2

Ja, der Sommer, wollen sie wissen, wird er sich halten? Leider erst einmal nicht. Ein Tiefdruckgebiet verdrängt das sonnige Hoch. Heute haken wir mal ganz schnell ab. Viele Wolken gibt`s, kaum noch Sonne. Immer wieder Schauer bei 15 bis 18 Grad, am Alpenrand sogar noch kühler mit Werten um 13 Grad. Auch morgen, am Samstag, Schauer, die später nachlassen. Sonntag viele Wolken, aus denen jede Menge Regen fällt. Vergessen Sie also bei ihrem Sonntagsausflug den Regenschirm nicht! Am Montag kaum noch Regen und langsam etwas wärmer.

3.4: Gestaltung einer Wetterkarte mit vorgefertigten und selbst erstellten Symbolen

Auch bei diesem Unterrichtsprojekt zeigte sich, wie sich die Arbeit mit den visuellen Möglichkeiten eines Whiteboards in hohem Maße motivierend auf alle Schülerinnen und Schüler auswirkte und auch Schüler, die sich ansonsten eher „schreibfaul" zeigen, hier gute Texte verfassten.

 Die angesprochenen Beispiele finden Sie als Download auf unserer Internetseite.

3.4 Sprachen lernen: Englischunterricht mit Hörbeispielen

Im modernen Fremdsprachenunterricht sind authentische und verschiedenartige Sprachvorbilder für die Lerner von großer Bedeutung. Um dem Ziel der kommunikativen Kompetenz und insbesondere dem Hörverstehen in ungewohnten Situationen gerecht zu werden, setzen Lehrende schon im frühen Lernstadium immer wieder Hörbeispiele ein.

Sprechende Tafelbilder

Interaktive Whiteboards bieten umfangreiche Möglichkeiten, Hörbeispiele *leichter* und vor allem *natürlicher* im Unterrichtsverlauf zu verwenden. Audiodateien verschiedener Formate können direkt in interaktive Arbeitsblätter eingefügt werden (siehe Kapitel 1.6) und Hörbeispiele lassen sich so aus dem Tafelbild per Mausklick abspielen. Dadurch lohnt es sich, auch kurze Einspielungen im Unterricht zu verwenden. Ein höheres Maß an Authentizität und Unmittelbarkeit kann dadurch erreicht werden, dass man einzelne Abbildungen des Tafelbildes mit Hörbeispielen versieht und so beispielsweise einzelne Charaktere oder Objekte an der Tafel „zum Sprechen bringt". Im interaktiven Arbeitsblatt *"On the phone"* soll eine 5. Klasse Telefongespräche verstehen; durch Anklicken der entsprechenden Person erklingt ein Telefonat, welches die Schülerinnen und Schüler den Bildern zuordnen, bevor im zweiten Schritt das Detailverständnis überprüft wird.

3.5: Bildobjekt verknüpft mit Track einer Audio-CD

Praxis-Tipp

Sie können durch Verlinkung Tonbeispiele auch von einer herkömmlichen CD mit dem Tafelbild verbinden, sollten Sie dieses nicht als Datei in Ihrem interaktiven Arbeitsblatt speichern wollen. Nachteil: Man muss neben der vorbereiteten Tafelbilddatei die entsprechende Audio-CD im Klassenraum dabei haben.

Interaktive Landeserkundung

Eine interaktive Audioführung durch ein *"Roman Bath"* wurde im nächsten Beispiel für die digitale Tafel erstellt. Hierzu wurden fünf kurze Toneinspielungen mit fünf Objekten des Bildes verknüpft. Zur Vorbereitung mussten die fünf Objekte mit dem Ausschneidewerkzeug extrahiert werden; anschließend wurden diese Einzelbilder dann mit Audiodateien verknüpft und über das Originalbild gelegt. Auf diese einfache Weise werden Teilbereiche eines Bildes „interaktiv". Die einzelnen Tonbeispiele wurden vorher mit Audacity[8], einer leicht bedienbaren Audio-Software, aus einem längeren Hörbeispiel des Lehrbuchs geschnitten.

So vorbereitet werden Hörverstehensübungen viel ansprechender für die Lernenden, die interaktive Anwendungen aus dem Internet kennen.

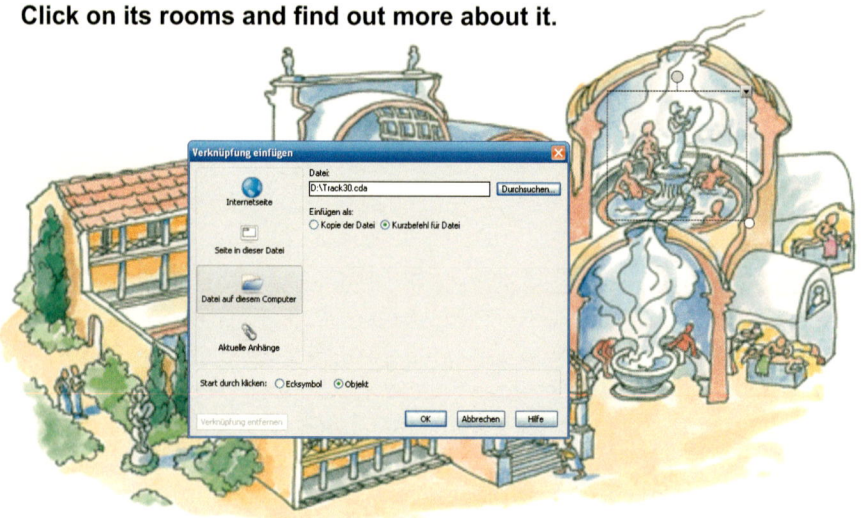

3.6: Roman Bath Tour

Praxis-Tipp

YouTube bietet umfassendes Material für den Fremdsprachenunterricht. Auch als Quelle für Hörbeispiele lohnt es sich, hier zu suchen. Aktuelle Reden von Politikern, Interviews mit Popstars und Sportlern, all dieses findet man hier und kann es auch als *Hörbeispiel* einsetzen.

---

[8] Ein kostenloser Download ist unter http://audacity.sourceforge.net möglich.

Interaktive Lernspiele

Auf ähnliche Weise lassen sich auch Lernspiele und -übungen erstellen. Eine gerade im Anfangsstadium wichtige Übungsform ist das Zuordnen von Klängen und Objekten bzw. deren Schreibweise. In dem Arbeitsblatt *"Match the sounds"* (Abb 3.7) können Klänge – durch Verschieben – Bildern und Schreibung zugeordnet werden.

3.7: *Match the sounds*

Das Beispiel zeigt, dass es sich an der digitalen Tafel auch lohnen kann, kleinere „Audioschnipsel" (ein Wort, ein Satz, ein Phonem) zu verwenden; eine Übungsform, die sich bisher nur mit phonetischer Umschrift bewältigen ließ. Dies muss nicht zwangsläufig im Frontalunterricht geschehen, sondern es bietet sich geradezu an, die digitale Tafel als eine Station unter anderen zu verwenden, an welcher wenige Schülerinnen und Schüler zurzeit arbeiten. Der Lehrende kann sich den Schülerinnen und Schülern mit anderen Aufgaben widmen, da die Tafel die Rückmeldung über erzielte Ergebnisse übernimmt.

Praxis-Tipp

Sollten Sie eine Partnerklasse im Ausland haben, bietet es sich an, über Internet und eine Audio- oder Videotelefoniesoftware (z. B. Skype) eine Online-Konferenz aus dem Klassenraum zu veranstalten. So können authentische Sprecher am besten in die Klasse geholt werden. Als Ergänzung sind dafür zumindest ein Mikrofon und besser noch eine Webcam erforderlich. So können mit Hilfe der digitalen Tafeln Schulpartnerschaften in Echtzeit gepflegt werden.

"Right or wrong" – Tests am Board

Eine hoch motivierende Anwendung der interaktiven Whiteboards im Sprachunterricht bieten Voting-Systeme (siehe Kapitel 4). Gerade im Bereich des Hörverstehens eröffnen sie völlig neue Möglichkeiten der individuellen Leistungsrückmeldung und Lerndiagnostik, da jede Schülerin und jeder Schüler vom System ein Feedback über seine Antwort erhält und die Lehrerin oder der Lehrer sich über die Ergebnisse aller Schülerinnen und Schüler informieren kann. Multiple-Choice-Aufgaben (MC-Aufgaben) werden im Fremdsprachenunterricht gerade zur Überprüfung des Hör- und Leseverstehens häufig eingesetzt. Diese Testform lässt sich mit Voting-Systemen in interaktiven Arbeitsblättern der Lernsoftware realisieren. Smart Notebook sieht hierfür z. B. die Funktion „Umfrage einfügen" vor, mit welcher man in drei bis vier Schritten eine Schülerumfrage anlegen kann. Die Schwierigkeit liegt dabei – wie bei allen MC-Aufgaben – eher in der geschickten Formulierung von Antwortalternativen. Lehrerhandbücher bzw. -CDs zu Lehrwerken geben hierzu aber Vorschläge und erleichtern so die Vorbereitung. In unserem Beispiel wurde das Hörverstehen aus dem interaktiven Arbeitsblatt *On the phone* (siehe Abb. 3.5) in einer Umfrage mit vier Alternativantworten überprüft.

Die überwiegende Mehrheit der Schüler konnte sich über ein richtiges Ergebnis zu dieser Frage freuen, wie die Auswertung zeigt (Abb. 3.8).

Die Lehrkraft dürfte dabei nun noch interessieren, welchen Schülerinnen und Schülern die Antwort schwerfiel, um ggf. aus diesen Informationen weitere Entscheidungen abzuleiten. Dieses lässt sich aus den gespeicherten Umfrageergebnissen auch nach der Stunde oder zu Hause ermitteln und für die Lerndiagnose nutzen, wie hier in Johannas Fall.

2   What is Caroline's plan?

She wants to...

A   eat ice-cream.

B   have a sleepover party.

C   go to the cinema.

D   go shopping with her friends.

Click A,B,C or D on your clickers.

3.8: Personalisierte Umfrageergebnisse geben Auskunft über individuelle Leistungen

Neben Hör- und Leseverstehensüberprüfungen eignen sich interaktive Umfragen im Sprachunterricht natürlich auch für regelmäßige Vokabelüberprüfungen. Hierbei ist von Vorteil, dass einige Voting-Systeme auch Texteingaben verarbeiten können. So lassen sich auch komplexere Antworten wie z. B. die Frage nach einem Namen oder die korrekte Schreibung am interaktiven Whiteboard überprüfen. Erfahrungsgemäß ist die Begeisterung der Kinder dabei enorm groß, da der Unterricht so wirklich jeden Einzelnen anspricht und jeder Einzelne gefordert ist, am Unterricht teilzunehmen.

 Das Beispiel „Match the sounds" finden Sie als Download auf unserer Internetseite.

3.5 Naturwissenschaften schauen genauer hin: Selbstgesteuerte Sachfilmerschließung

Gerade Sachfilme mit naturwissenschaftlichen Inhalten sind durch eine Fülle von für die Schülerinnen und Schüler neuen Informationen verbunden mit einer Vielzahl unbekannter Fachbegriffe gekennzeichnet. Speziell mit diesem Hintergrund müssten an ihre unterrichtliche Erschließung die gleichen Maßstäbe angelegt werden, wie sie für die Erschließung anderer unbekannter Medien, wie z. B. von Sachtexten, gelten. Im Sinne eines selbstentdeckenden Lernens müssen Schülerinnen und Schüler auch bei der Erschließung von Sachfilmen die Möglichkeit haben,

- ihr Lerntempo selbst zu bestimmen,
- eigene Fragen an das Medium zu stellen,

- Sinnabschnitte zu erkennen und zu gliedern,
- und schwierigere Passagen wiederholt zu betrachten.

Zusammengefasst bedeutet das, ihren Prozess der Auseinandersetzung mit dem Sachfilm selbst zu steuern. Die folgende Tabelle stellt entsprechende Anforderungen an die Sachfilmerschließung denen der Texterschließung gegenüber.

Sozialform	Texterschließung	Sachfilmerschließung
Klassenverband	Lautes Lesen des Textes im Plenum	Betrachten des gesamten Films
	Nach Sinnabschnitten können Schülerinnen und Schüler Fragen stellen	Stoppen des Films nach Sequenzen, um mögliche Fragen zu klären
Einzel-, Partner- oder Gruppenarbeit	Gliedern des Textes durch Zwischenüberschriften	Gliedern des Films durch Erstellen von Stand-bildern
	(bei Erschließung mit Hilfe eines Arbeitsblatts) Gezieltes Nachlesen einzelner Textpassagen zur Lösung der Aufgaben	(bei Erschließung mit Hilfe eines Arbeitsblatts) Betrachten einzelner Filmsequenzen zur Lösung der Aufgaben
	Unterstreichen oder zusammenfassen einzelner Textstellen in eigenen Worten	Wiedergabe von Film-inhalten an Standbildern in eigenen Worten
	Bearbeiten der Aufgaben des Arbeitsblatts	Bearbeiten von Aufgaben digital an einzelnen Sequenzen
Klassenverband	Präsentation und Diskussion der Arbeitsergebnisse (Plakat, Tafelbild, Sitzkreis …)	Präsentation und Diskussion der Arbeitsergebnisse (Beamer/White-board)

(Tabelle aus: Machate, Christian: Von der Textanalyse zur Filmanalyse; Digitale Sachfilmerschließung – eine Methode im Rahmen der Digitalen Schulbank (Dischba), in: Computer und Unterricht 71/2008, S. 34f.)

Diese Anforderungen an einen unterrichtlichen Filmeinsatz ließen sich bisher nur schwer umsetzen. Gewöhnlich wird den Schülerinnen und Schülern ein Film frontal präsentiert, häufig sollen sie zeitgleich während der Filmbetrachtung ein Arbeitsblatt bearbeiten. Wenn dann noch der Zeitmangel keine

Wiederholung des Films zulässt, bleibt der mit dem Filmeinsatz erhoffte Lernzuwachs gering.

Möglichkeiten von interaktiven Arbeitsblättern zur Filmerschließung

Die Einbindung von Filmsequenzen auf die Oberfläche eines digitalen Whiteboards ermöglicht eine entsprechende selbstbestimmte Erschließung. Die Abbildungen 3.9 und 3.10 zeigen ein unbearbeitetes und bearbeitetes interaktives Arbeitsblatt, auf dem eine Sequenz des Films „Vögel" der Produktionsfirma MedienLB integriert ist.

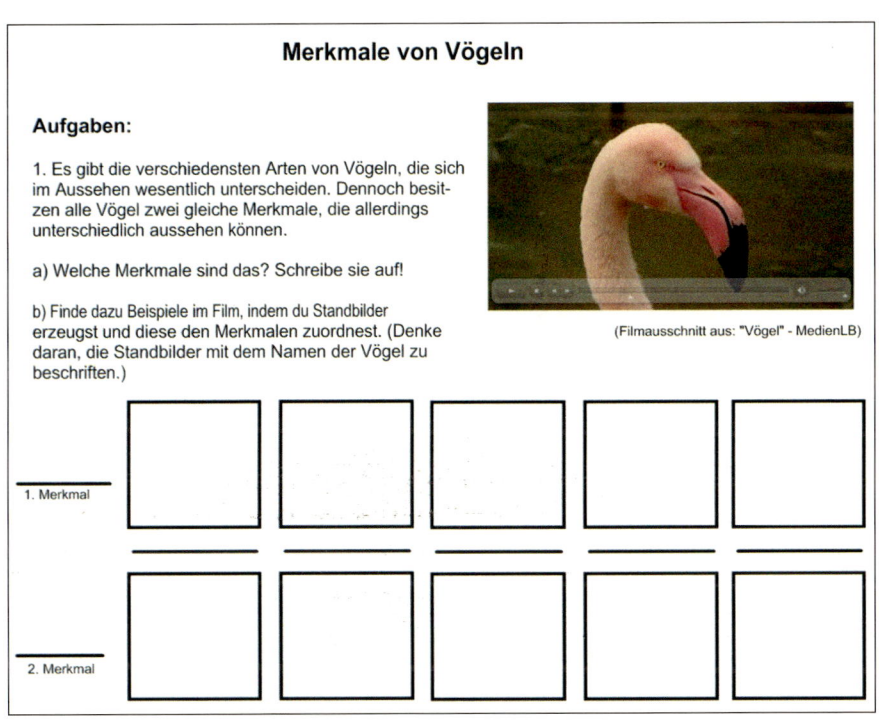

3.9: *Ausschnitt aus dem unbearbeiteten Arbeitsblatt „Merkmale von Vögeln"*

Merkmale von Vögeln

Aufgaben:

1. Es gibt die verschiedensten Arten von Vögeln, die sich im Aussehen wesentlich unterscheiden. Dennoch besitzen alle Vögel zwei gleiche Merkmale, die allerdings unterschiedlich aussehen können.

a) Welche Merkmale sind das? Schreibe sie auf!

b) Finde dazu Beispiele im Film, indem du Standbilder erzeugst und diese den Merkmalen zuordnest. (Denke daran, die Standbilder mit dem Namen der Vögel zu beschriften.)

(Filmausschnitt aus: "Vögel" - MedienLB)

Schnabel

| Weißkopfseeadler | Waldrapp | Flamingo | Ente | Papagei |

Federn

| Nandu | Pfau | Kronenkranich | Adler | Pinguin |

3.10: Ausschnitt aus dem bearbeiteten Arbeitsblatt „Merkmale von Vögeln"

Der Film stellt in schneller Folge detaillierte Informationen zu Merkmalen verschiedener Vogelgattungen und deren Ernährung vor. Die Einbettung auf einer Oberfläche eines digitalen Whiteboards bietet für den Unterricht verschiedene Möglichkeiten:

- Die Schülerinnen und Schüler bearbeiten das interaktive Arbeitsblatt auf ihrem Schüler-PC in der Schule.
- Die Schülerinnen und Schüler können, nachdem der Film im Unterricht vollständig gezeigt wurde, das interaktive Arbeitsblatt auf einem USB-Stick mit nach Hause nehmen, um es als Hausaufgabe zu bearbeiten. In beiden Fällen können sie die Filmsequenz beliebig oft wiederholen, sie können sie an bestimmten Stellen stoppen und Standbilder erzeugen.
- Die Arbeitsergebnisse können die Schülerinnen und Schüler am Ende der Stunde oder in der nächsten Stunde zentral am Whiteboard präsentieren.

Vorarbeiten und Voraussetzungen

Aus inhaltlichen Gründen ist es sinnvoll, den Ursprungsfilm mit Hilfe einer Filmbearbeitungssoftware in einzelne Sequenzen zu schneiden. Neben der geringeren Datenmenge hat dies den Vorteil, thematisch geschlossene Arbeitsblätter erstellen zu können. Damit die Filmsequenzen in ein interaktives Arbeitsblatt eingebunden werden können, müssen sie als Flash-Video-Datei vorliegen. Einige Versionen der Boardsoftwares wandeln Filme beim Einfügen direkt in ein solches Format um, in den meisten Fällen muss das Ursprungsvideo mit einem entsprechenden Hilfsprogramm umgewandelt werden, das sich ohne größeren Aufwand im Internet finden lässt. Manche Filmbearbeitungssoftware bietet diese Möglichkeit integriert an.

Um den Schülerinnen und Schülern das interaktive Arbeitsblatt zur Verfügung stellen zu können, sollte es am einfachsten in einem freigegebenen Bereich eines zentralen Servers gespeichert sein. Von diesem Bereich aus können sich die Schülerinnen und Schüler das Arbeitsblatt auf ihren PC herunterladen. Falls dieses Verfahren technisch nicht möglich ist, können sich die Schülerinnen und Schüler das Arbeitsblatt vom Lehrer-PC oder dem interaktiven Whiteboard direkt auf ihren USB-Stick laden.

 Das besprochene Beispiel finden Sie als Download auf unserer Internetseite.

3.6 Spielerische Mathematik

Digitale Hilfsmittel in der Mathematik werden vielerorts kritisch betrachtet. Taschenrechner geben nach korrekter Eingabe blitzschnell Ergebnisse aus, die sonst über den mathematisch geschulten Kopf mit unterschiedlichsten Methoden errechnet werden. Auch die höhere Mathematik in der Oberstufe wird bis in das Abitur hinein rechnergestützt durchgeführt und nach wie vor sehr konträr diskutiert. Was Generationen von Schülerinnen und Schülern Kopfzerbrechen bereitet hat, kann weitestgehend umgangen werden. Beispielhaft dafür ist, was Abiturienten beim Eintritt in das Mathematikstudium erleben können: In manchen Vorlesungen oder Prüfungen sind mitunter Taschenrechner verboten, obwohl die Schulmathematik sie fordert.

Eine Diskussion über die Auswirkungen dieses Wandels soll hier nicht geführt werden. Vielmehr sollen Beispiele zeigen, wie technologische Errungenschaften dazu führen können, dass Mathematik alltagsnah, anschaulich und motivierend angeboten werden kann, wenn man aus dem weiten Feld des Möglichen das didaktisch Sinnvolle und Besondere auswählt. Alle Medien haben ihre Vor- und Nachteile und sind letztendlich nur im kompetenten Zusammenspiel optimal.

Die nachfolgenden Beispiele zeigen fantasievolle Aufgaben, bei denen kleine mathematische Probleme vorteilhaft auf digitaler Oberfläche gelöst und präsentiert werden können. Ein kleiner Ausschnitt von dem, was sogleich Impulse für eigene Aufgaben geben sollte.

Sortieren

Wenn eine Menge von Objekten nach einem bestimmten Kriterium angeordnet werden soll, beispielsweise eine Menge von Zahlen, entsteht bei der Arbeit „im Heft" oft folgendes Problem: Man hat eine Teilmenge der Objekte bereits richtig geordnet, stellt beim nächsten Objekt allerdings fest, dass es irgendwo dazwischen eingeordnet werden muss. Dies führt im Heft zur „Pfeiltechnik", die bei mehr als 5 Objekten schnell unübersichtlich wird. Da in der Boardsoftware alle Objekte tatsächlich beweglich sind, kann problemlos eine Lücke für das neue Objekt geschaffen werden (Beispiel a). Soll nach verschiedenen Kriterien sortiert werden (Beispiel b: möglichst große Zahl bzw. kleine Zahl), lassen sich die gegebenen Objekte problemlos duplizieren.

Beispiele:
a) Ordne die Zahlen, beginne mit der kleinsten.
7,7;   7,08;   8,07;   7,80;   7,008;   8,7;   78,0;   0,78

b) Lege die Zahlenkärtchen so aneinander, dass eine möglichst große Zahl [kleine Zahl] entsteht.
0   8   17   4   105   42

Anordnen von Objekten

Das Größenpuzzle (Abb. 3.11) kann man „per Hand" durch Ausschneiden und Aufkleben bearbeiten; es entsteht aber spätestens dann Frust, wenn man nach dem Aufkleben einiger Puzzleteile einen Fehler findet, oder wenn man am Ende der Unterrichtsstunde keine Zeit mehr hat, das vollständig gelegte Puzzle auch noch aufzukleben. Beide Probleme bestehen in der digitalen Version nicht, da man die Puzzleteile immer wieder verschieben kann und Schüler den aktuellen Stand jederzeit speichern können. Mithilfe des interaktiven Whiteboards können Schüler auf anschauliche Weise ihre Gedanken beim Anordnen der Objekte visualisieren und präsentieren – dies ist mit einem Papierpuzzle kaum möglich.

Größenpuzzle

Aufgabe: Ordne die Puzzleteile passend an. Seiten mit einem Stern müssen außen liegen. Wenn du richtig gepuzzelt hast, erhältst du einen Lösungssatz.

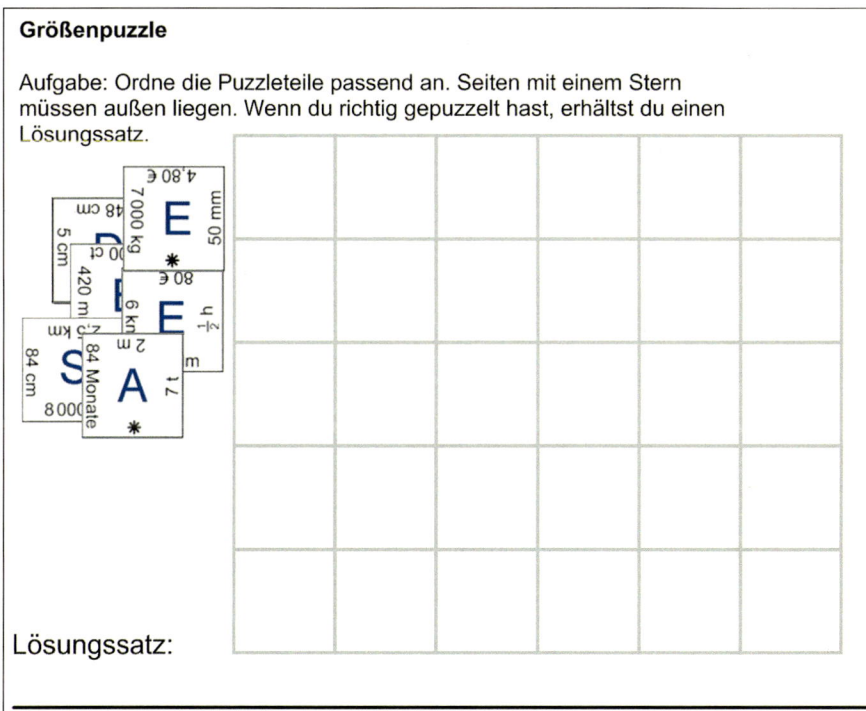

Lösungssatz:

3.11: Mathematisches Puzzlespiel zum Thema „Größen"

Knobelaufgaben wie in Abbildung 3.12 lassen sich „handelnd" mithilfe von Streichhölzern sehr gut lösen. Die Startkonstellation muss bei jeder Aufgabe allerdings zunächst gelegt werden. Hat man eine Lösung gefunden, muss diese mühsam per Hand notiert (oder eben undokumentiert verworfen) werden. Auch hier bieten die Boardsoftwares den Vorteil, einfach auf einer neuen Folie die nächste Aufgabe zu bearbeiten und die schon gelösten Aufgaben zum Präsentieren, Vergleichen oder Verbessern auf vorherigen Folien beizubehalten. Auch ein Spiel wie das in Abb. 3.13 gezeigte Triplett kann digital umgesetzt werden. Es ermöglicht das direkte Dokumentieren gefundener Lösungen, was beim realen Kärtchenspiel nur aufwändig realisierbar wäre.

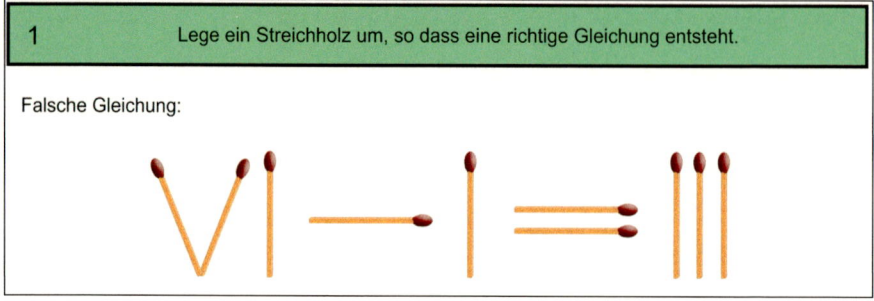

3.12: Ausschnitt aus der Knobelaufgabe „Streichholz-Rechnen"

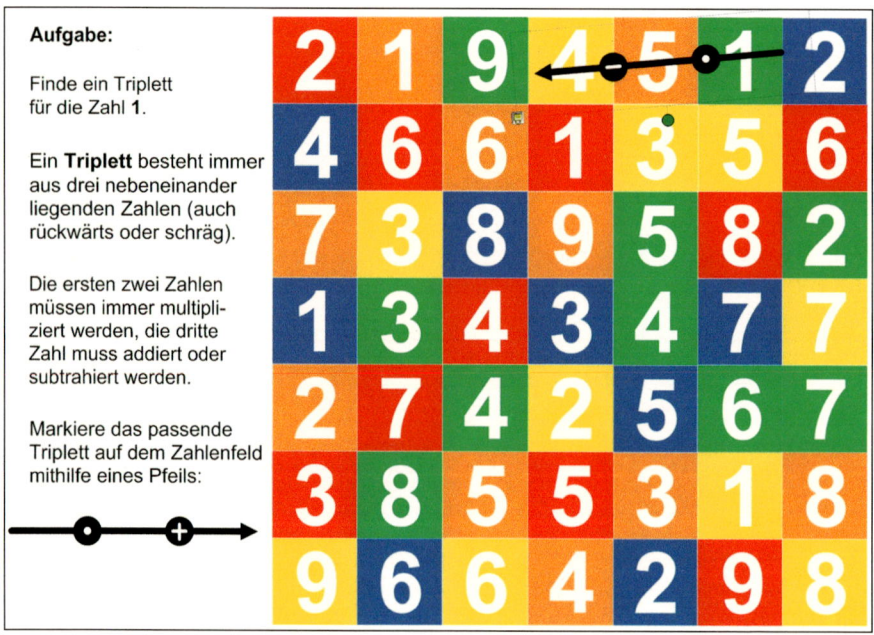

3.13: Rechen-Triplett in der Umsetzung für das interaktive Whiteboard

Symmetrien

Die Untersuchung einer Figur auf Punkt- bzw. Achsensymmetrie soll bei Schülerinnen und Schülern das ebene und räumliche Vorstellungsvermögen trainieren. Beide Symmetriearten lassen sich bei gedruckten Figuren untersuchen, indem man das Blatt um 180° dreht (Untersuchung auf Punktsymmetrie) bzw. indem man das Blatt wendet und gegen das Licht betrachtet (Untersuchung auf Achsensymmetrie). Leider hat man bei beiden Vorgängen die Originalfigur nicht mehr vor Augen (denn das Blatt wurde ja bewegt). Mit den Mitteln der Boardsoftwares kann man diesen Nachteil beheben:

Nachdem man die zu untersuchende Figur dupliziert und teilweise transparent gemacht hat, kann man sie nach Belieben drehen, verschieben, spiegeln und das entstehende Bild mit der Originalfigur vergleichen. Der Vorteil gegenüber der Papiervariante besteht also auch hier darin, dass man seine Lösungsschritte (die einzelnen ausgeführten Abbildungen) visuell dokumentieren kann. Auch um seine Entdeckungen vor der Klasse zu begründen, eignet sich diese Variante besser als das Erläutern an einem hochgehaltenen Blatt Papier. Auf unserer Download-Seite finden Sie eine Beispieldatei, die den praktisch sinnvollen Einsatz der Funktion „Objekt färben" ermöglicht. Geschieht dies nämlich im Heft per Farbstift, ist eine Korrektur nicht möglich und Unmut kaum zu vermeiden.

 Die besprochenen Beispiele finden Sie als Download auf unserer Internetseite.

3.7 Geometrisches Konstruieren

Mittlerweile wird der Umgang mit *dynamischer Geometriesoftware* in den Lehrplänen der Sekundarstufe I ebenso vorgeschrieben wie das analoge Konstruieren mit Zirkel und Geodreieck. Mit dem von der Universität Bayreuth gratis zur Verfügung gestellten Programm „GEONExT" können Schülerinnen und Schüler geometrisches Konstruieren am PC in der Schule erlernen und zu Hause vertiefen.

Dreieckskonstruktionen mit dynamischer Geometriesoftware

Die hier vorgestellte Unterrichtseinheit „Zeichnen und Konstruieren" wurde durchgeführt in einer 7. Realschulklasse. Als Software wurde das Programm „GEONExT" verwendet, wobei sich die Einheit natürlich auch mit anderen Geometrieprogrammen wie „Geogebra" oder „DynaGeo" durchführen lässt[9]. Einen Schwerpunkt dieser Einheit bilden die verschiedenen Dreieckskonstruktionen. Die Schülerinnen und Schüler lernen zunächst die unterschiedlichen Varianten der Dreieckskonstruktionen mit Hilfe der analogen Werkzeuge Zirkel und Geodreieck kennen. Dabei machen sie zum ersten Mal die Erfahrung, dass ein Zirkel nicht nur dazu da ist, Kreise mit verschiedenen Radien und Durchmessern zu zeichnen, sondern als Werkzeug für komplexere Konstruktionen dienen kann. Wenn ihnen schon diese Kons-

---

[9] Weiteren Informationen und Downloadmöglichkeiten zu den genannten Programmen finden Sie unter den Internetadressen http://geonext.de, http://www.geogebra.org bzw. http://www.dynageo.de

truktionen im Heft schwer fallen, so sind Schülerinnen und Schüler häufig
am Verzweifeln, wenn sie den Tafelzirkel für ihre Zeichnungen nutzen sollen.

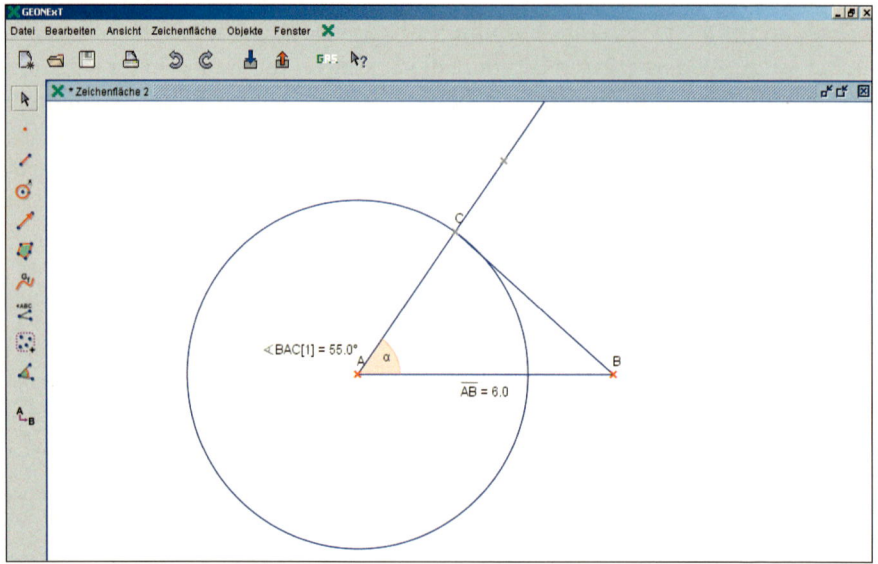

3.14: Computergestütztes Konstruieren mit „GEONExT"

Natürlich soll an dieser Stelle keiner „Entweder-Oder-Philosophie", d.h.
herkömmlicher Unterricht oder Unterricht am PC, das Wort geredet werden.
Dass beide Unterrichtsformen ihre Berechtigung haben ist unumstritten.
Wohl aber möchte dieses Kapitel einen kleinen Denkanstoß in Form einer
Rückbesinnung auf die Frage des eigentlichen Lerninhalts beim Thema Dreieckskonstruktionen geben. Dieser Lerninhalt heißt eben nicht nur: Umgang
mit dem Zirkel und dem Geodreieck, sondern die Schülerinnen und Schüler
erfahren, wie sie mit drei unterschiedlichen geometrischen Angaben ein exaktes Dreieck konstruieren können.

Ebenso wie die Schülerinnen und Schüler im Laufe der Einheit neue Erkenntnisse im Umgang mit dem Zirkel gewinnen, gelangen sie zu neuen Erfahrungen in der Arbeit mit dem PC. Sie erkennen, dass ihr Computer nicht
nur als Schreib-, Spiel- oder Präsentationsgerät genutzt werden, sondern
auch als Zeichenwerkzeug dienen kann. „GEONExT" bietet die Möglichkeit auf einer optisch schlichten Arbeitsoberfläche mit Hilfe einfacher Werkzeuge am PC ähnliche Schritte bei der Dreieckskonstruktion durchzuführen,
wie die Schülerinnen und Schüler vorher mit analogen Werkzeugen kennen

gelernt hatten. Natürlich muss auch bei dem Unterricht mit „GEONExT" jeder einzelne Konstruktionsschritt gezeigt werden und das Anfertigen einer Konstruktionsbeschreibung für die nachhaltige Übung ist unerlässlich. Zumal auch an dieser Stelle gilt, dass die einzelnen „Handgriffe" am PC, wie einen genauen Winkel oder eine exakte Strecke zu konstruieren, nicht jedem auf Anhieb gelingen. Nachdem die Schülerinnen und Schüler auch am PC verschiedene Konstruktionsverfahren kennen gelernt haben, stellen sie fest, dass auch am PC die Vorgabe von drei Stücken zur Konstruktion eines exakten Dreiecks unerlässlich ist.

Geometrie am interaktiven Whiteboard

Der Unterricht mit „GEONExT" hat schon gezeigt, dass die Konstruktion am PC und die Präsentation der Arbeitsergebnisse verschiedene Vorteile gegenüber der analogen Konstruktion bietet: Fehler lassen sich schnell rückgängig machen, ohne dass der Radiergummi die komplette Zeichnung zerstört; der „Stift" ist immer spitz; die Präsentation von Arbeitsergebnissen via Beamer kann direkt erfolgen, ohne dass noch einmal eine neue Schwierigkeit in Form des Tafelzirkels zu bewältigen ist.

Das Konstruieren am Whiteboard vereint nun Elemente des analogen Geometrieunterrichts mit denen des Unterrichts am PC. Natürlich lässt sich „GEONExT" wie jedes andere Programm bei zentraler Präsentation am angeschlossenen Whiteboard direkt steuern, das heißt: Es kann durch Tippen mit dem Finger oder dem Stift angewählt und ebenso die einzelnen Werkzeuge des Programms bedient werden. Wenig Sinn macht es, Arbeitsergebnisse von „GEONExT" als Bild abzuspeichern und in einer Whiteboard-Datei zu integrieren. Damit wären die dynamischen Funktionen von „GEONExT" ad absurdum geführt. Wohl aber können die Stiftwerkzeuge des Whiteboards, auch wenn auf der „GEONExT"-Oberfläche gearbeitet wird, genutzt werden, um Elemente zu markieren oder handschriftliche Ergänzungen einzufügen. Allerdings sind diese Markierungen nicht mit der „GEONExT"-Datei verknüpft. Sie dienen also nur im Moment der Präsentation der Verdeutlichung einzelner Elemente.

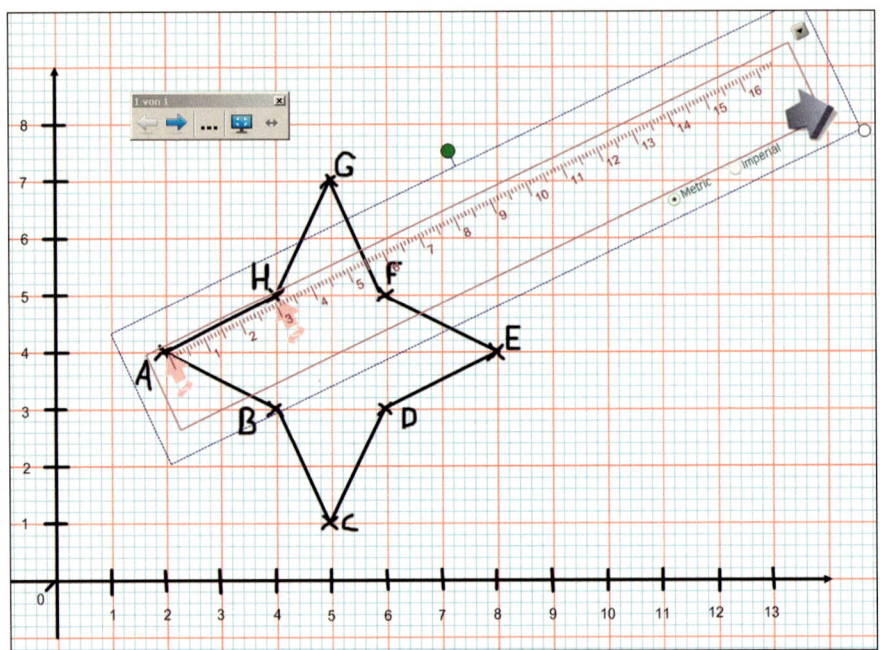

3.15: Computergestütztes Konstruieren mit der Boardsoftware
(hier: Smart Notebook)

Eine andere ergänzende Möglichkeit des geometrischen Konstruierens auf
dem Whiteboard bieten die verschiedenen Hintergründe und Werkzeuge,
die sich in den Materialsammlungen der Boardsoftwares befinden. Dort findet man, abhängig von Hersteller und Version der Software, flächendecken-
de Raster unterschiedlicher Auflösung, verschiedene Koordinatensysteme
oder auch virtuelle Zeichenwerkzeuge wie Lineal oder Geodreieck. Für die
Schülerinnen und Schüler vereint die Arbeit am Whiteboard die Vorteile des
analogen Zeichnens im Heft mit denen der Konstruktion am PC: Sie haben
einen Stift in der Hand und können ohne kleinschrittige Klickerklärungen
anfangen zu arbeiten, gleichzeitig bleiben die Vorteile des Arbeitens am PC,
rückgängig machen etc., erhalten. (Abb 3.15)

Praxis-Tipp

Der Einsatz der virtuellen Konstruktionswerkzeuge mag für viele Erwachsene erst einmal albern erscheinen, für die Schülerinnen und Schüler ist es ein psychologischer Zwischenschritt. Sie nehmen das Arbeiten mit dem virtuellen Geodreieck oder Lineal erst einmal als Hilfsmittel für ihre Konstruktionen wahr. Indem sie diese bekannten Werkzeuge optisch sehen, können sie sich ihre Konstruktionen am PC besser vorstellen. Dies ist auch ein Vorteil gegenüber der Arbeit mit „GEONExT", wo einzelne Konstruktionsschritte zum Beispiel zur Erzeugung eines Winkels für die Schülerinnen und Schüler nicht immer schlüssig sind.[10]

3.8 Bilderschließung in der Kunsterziehung

Bilder, als Begriff hier weit gefasst, mit Hilfe digitaler Werkzeuge im Kunstunterricht zu erschließen, stößt sicher bei vielen Leserinnen und Lesern dieses Buches auf Vorbehalte. Bilder müssen unverfälscht wirken, die Farben werden auf einer digitalen Oberfläche verfremdet, der Einsatz digitaler Werkzeuge lenkt von der eigentlichen Wirkung ab. Dies könnten einige Einwände gegen die Bilderschließung mit Hilfe eines interaktiven Whiteboards sein. Das folgende Kapitel erhebt nicht den Anspruch, diese Einwände zu entkräften, möchte aber Möglichkeiten des Unterrichtens mit dem interaktiven Whiteboard aufzeigen, die als sinnvolle Ergänzung zu einer „klassischen" Bilderschließung im Kunstunterricht aufgefasst werden können. Ausgehend von einem Bildervergleich zwischen einem Werk aus dem Mittelalter von Simone Martini und einem Gemälde Albrecht Dürers aus der Zeit der Renaissance werden die Schülerinnen und Schüler mit der in dieser Zeit neu entwickelten Technik der Zentralperspektive bekannt gemacht, wenden diese selbstständig an und reflektieren abschließend ihre gewonnenen Erkenntnisse wieder am Gemälde.

---

[10] Die Firma SMART Technologies (http://www.smarttech.de) hat die Tool-Sammlung *Smart Notebook Math Tools* für den Mathematikunterricht entwickelt, in der alle möglichen Werkzeuge inklusive eines virtuellen Zirkels gebündelt zur Verfügung stehen. Mit Hilfe dieser Werkzeuge lassen sich auch dynamische Zeichnungen unproblematisch konstruieren. Zum Redaktionsschluss des Buches lag diese Sammlung erst in einer Beta-Testversion vor.

Vom Mittelalter zur Renaissance – ein Vergleich

In einem ersten Schritt werden die Schülerinnen und Schüler auf dem zentralen Whiteboard im Klassenraum konfrontiert mit zwei unterschiedlichen Werken mit demselben Titel: Der 12-jährige Jesus im Tempel. Auch wenn sie an dieser Stelle nicht in der Lage sind, die tiefer gehende Bedeutung der Farbgebung bei Martini zu interpretieren, können sie doch die unterschiedliche Darstellung der Szene beschreiben. Sie werden feststellen, dass die Figuren bei Dürer „echter" wirken und die bei Martini „irgendwie unnatürlich" aussehen. Vielleicht fallen bei diesen ersten Äußerungen auch schon Begriffe wie Tiefe oder Hintergrund.

Simone Martini: Der 12-jährige Jesus im Tempel, 1342

Albrecht Dürer: Der 12-jährige Jesus im Tempel, 1494-1497

3.16: Bildvergleich zu „Der 12-jährige Jesus im Tempel"

Nach diesen ersten Spontanäußerungen strukturieren die Schülerinnen und Schüler die Unterschiede anhand bestimmter Kategorien selbstständig auf ihrem Schüler-PC: Licht und Schatten, Darstellung der Personen und Farben. Je nach Lerngruppe wäre ein weitergehender Schritt in die Selbsttätigkeit der Schülerinnen und Schüler die eigene Entwicklung von Kategorien. In dem hier vorgestellten Unterrichtsmaterial sind sie vorgegeben, auch um nicht an dieser Stelle schon auf die Technik der Zentralperspektive eingehen zu müssen. Bei der kategorialen Untersuchung der beiden Werke zeigt sich die erste sinnvolle Ergänzung zu einer „klassischen" Bilderschließung bei der Arbeit mit dem Whiteboard. Mit Hilfe des Ausschneidewerkzeugs können die Schülerinnen und Schüler beobachtete Unterschiede einkreisen, ausschneiden und in einer Tabelle entsprechend strukturieren. Das ursprüngliche Bild und damit seine Wirkung bleibt dabei unbeschädigt. Ebenso wenig wird auf dem Bild selbst etwas markiert. Dennoch sind die Schülerinnen und Schüler nach diesem Schritt in der Lage, in einem Satz ein Fazit zu jeder Kategorie zu formulieren. Sie stellen fest, dass es bei Martini kaum Schatten gibt und die Farben rot, blau und gold überwiegen, während Dürer die Licht- und Schattenwirkung ebenso wie die Farbgebung der Natur anzupassen versucht. Ebenso werden sie feststellen, dass die Personen bei Dürer insgesamt natürlich dargestellt werden, während Martini sie in einer unnatürlichen Körperhaltung zeigt.

	Martini	Dürer
Darstellung der Personen:		
Fazit:	Dürer malt die Personen in einer natürlichen Körperhaltung. Die Gesichter zeichnet er mit individuellen Eigenschaften. Bei Martini wirken die Personen unnatürlich. Die Gesichter sehen aus wie geglättet.	
Farben:		
Fazit:	Bei Martini überwiegt die Farbe Gold. Die Kleidung ist vor allem rot und blau. Dürer malt besonders die Kleidung in verschiedenen Farben. Die Gesichter wirken natürlich.	
Licht und Schatten:		
Fazit:	Bei Martini gibt es nur an wenigen Stellen Schatten. Bei Dürer hat die Licht- und Schattenwirkung eine wesentliche Funktion. Er integriert sogar eine Lampe in das Bild.	

3.17: Am Schüler-PC unter Verwendung der Boardsoftware erarbeiteter Bildvergleich

Die Zentralperspektive

3.18: Von Schülerinnen und Schülern ergänzte Zeichnung

Auf der folgenden Seite des Unterrichtsmaterials ergänzen die Schülerinnen und Schüler mit Hilfe der Zeichenwerkzeuge des Whiteboards eine unvollständige perspektivische Zeichnung eines stilisierten Raumes ähnlich einer Villa aus der Zeit der Renaissance. Natürlich kann diese Arbeit nicht die Anfertigung eines eigenen Bildes auf dem Zeichenblock ersetzen, als ein vorentlastender Schritt hat sie aber dennoch ihre Berechtigung. Vor der eigenen Tätigkeit ist es allerdings notwendig, in einem moderierenden, kurzen Text die Schülerinnen und Schüler über die Entstehung und die Technik der Zentralperspektive mit einem Fluchtpunkt zu informieren. Inwieweit an dieser Stelle die einzelnen Zeichenwerkzeuge wie Linien, Bogen etc. vorgestellt werden müssen, hängt von den Vorkenntnissen der Lerngruppe ab. Bei aller Skepsis gegenüber dem Zeichnen am PC darf hier nicht übersehen werden, dass diese Technik des Konstruierens auch eine Förderung von Kompetenzen im Hinblick auf die mögliche Ausübung grafischer Berufe bedeutet. Welcher Designer, Architekt oder Bauzeichner arbeitet heute ohne die Nutzung digitaler Werkzeuge?

Überprüfung der Kenntnisse

Alle Linien treffen sich am Kopf von Jesus. Dürer macht mit der Wahl dieses Fluchtpunktes die Wichtigkeit deutlich. Wie die Figuren im Bild zu Jesus aufschauen, sollen auch die Blicke des Betrachters auf Jesus gelenkt werden.

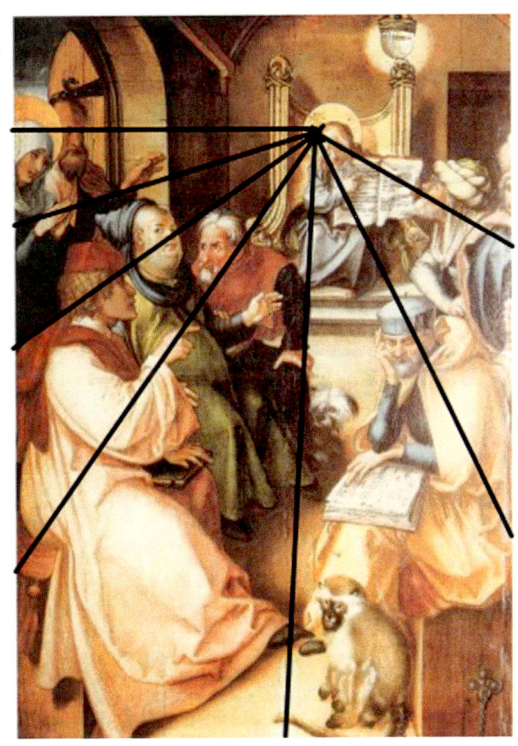

3.19: Von Schülerinnen und Schülern ergänzte Zeichnung

Am Schluss dieser Einführung in die Zentralperspektive wenden die Schülerinnen und Schüler noch einmal ihre gewonnenen Erkenntnisse am Werk von Dürer an. Sie werden dabei entdecken, dass der Fluchtpunkt in dem Bild genau der Kopf des 12-jährigen Jesus ist. Wahrscheinlich werden sie sogar feststellen, dass so der Blick des Betrachters gezielt gelenkt wird, obwohl doch die Figuren im Bild gar nicht alle zu Jesus aufblicken. Mit der Fragestellung, warum Dürer gerade diesen Fluchtpunkt gewählt hat, werden die Schülerinnen und Schüler aufgefordert, sich mit dem Zusammenhang des Fluchtpunktes und dem Bildinhalt auseinanderzusetzen. Indem sie erkennen, dass die Wahl des Fluchtpunktes nicht willkürlich geschieht, steigern sie ihre gestalterischen Kompetenzen bei der Anfertigung eines eigenen Bildes.

 Die besprochenen Beispiele finden Sie als Download auf unserer Internetseite.

3.9 Erdkunde als Medienfach

Im Medienfach Erdkunde werden im Verlauf der Schulzeit alle Medien eingesetzt, wobei Karten eine zentrale Rolle spielen. Mit den digitalen Medien und der veränderten Perspektive der Satellitenerkundung auf unsere Erde bieten Satellitenbilder neue Möglichkeiten, sich auf der Erde zu orientieren. Vereinfachte Modelle, früher häufig als klassisches Tafelbild, reduzieren komplexe Naturzusammenhänge auf wesentliche Faktoren. Die folgenden Beispiele geben Anregungen, wie kompetenzorientierter Unterricht im Fach Erdkunde unter Verwendung interaktiver Whiteboards und didaktischer Schulsoftware mit Werkzeug-Charakter (vgl. Kapitel 2) gestaltet werden kann.

Zeitzonen und Gradnetz besser verstehen
(Kompetenzbereich[11] Fachwissen)
Im kompetenzorientierten Unterricht kann Fachwissen in kooperativen Arbeitsformen gelernt werden. Lernen ist jedoch ein sehr individueller Vorgang, der in konzentrierter Einzelarbeit mit dazugehörigem Methodenwissen zum Lernen stattfindet. Dafür müssen Selbstlernmaterialien zur Verfügung stehen. Schulsoftware ermöglicht die Bereitstellung unterschiedlichster, passgenauer Arbeits- bzw. Lernsequenzen.

Die Kugelgestalt und Rotation der Erde sowie die Einteilung der Erde in Längen- und Breitengrade fordert die Vorstellungskraft der Schülerinnen und Schüler heraus. Am Thema Zeitzonen können Gradnetz und Rotation nochmals aufgegriffen werden. Dabei kann Schulsoftware an einem einfachen Modell die Erkenntnisgewinnung fördern. Gleichzeitig lernen die Schülerinnen und Schüler Vorgehensweisen kennen, wie Software-Werkzeuge ökonomisch und auch kreativ genutzt werden können. Die zu veranschaulichenden Inhalte eines solchen Zeitzonen-Modells werden aus einem Sachtext im Schulbuch entnommen.

Die Schülerinnen und Schüler konstruieren anschließend am Computer ein Erdmodell (Kreis) mit senkrechter Draufsicht auf den Nordpol (siehe Abb. 3.20). Die Senkrechte ist der Nullmeridian sowie die Datumsgrenze (180 Grad). Die Waagerechte stellt 90 Grad westlicher und östlicher Länge dar. Im Stundenrhythmus, also alle 15 Grad, werden von den Schülerinnen und Schülern Meridiane eingezeichnet. Mit dem virtuellen Geodreieck kön-

---

[11] Kompetenzbereiche nach Deutsche Gesellschaft für Geographie (Hrsg.): Bildungsstandards im Fach Geographie für den Mittleren Schulabschluss. 4. Aufl., Berlin 2008, S. 9.

nen 15 Grad-Abstände schnell ermittelt werden. Dazu werden die Linienwerkzeuge zeitökonomisch genutzt, in dem die Meridian-Linien immer wieder kopiert werden.

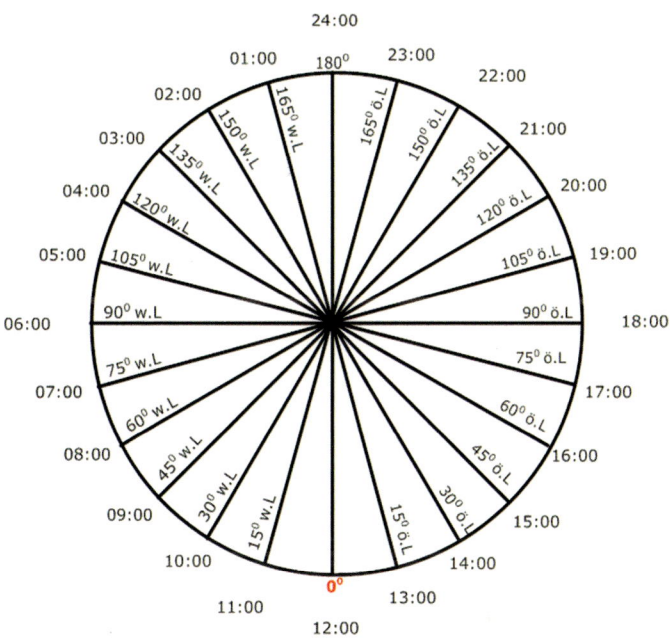

3.20: *Zeitzonen (Konstruktion mit Draufsicht Nordpol als Kreismittelpunkt)*

Praxis-Tipp

Schülerinnen und Schüler neigen dazu, am Bildschirm ungenau zu arbeiten. Mit Unterstützung der Zoom-Funktion können die Linien punktgenau gesetzt werden. So kann nicht nur die Qualität der Arbeit sichergestellt werden; die Schülerinnen und Schüler lernen auch eine Methode kennen, am Computer exakt zu konstruieren.

Im nächsten Schritt werden die Gradzahlen an die Enden der Meridiane innerhalb des Kreises der Erdhalbkugel ergänzt. Auch hier nutzt man die Kopiermöglichkeiten. Inhaltlich werden die Einteilungen der Erde in östliche und westliche Längen wiederholt. Ausgehend vom Nullmeridian, auf dem die Uhrzeit 12:00 Uhr festgelegt wurde, stellt sich die Frage, wie sich die Zeit von Meridian zu Meridian verändert. Für das vereinfachte Modell kann die Erkenntnis festgehalten werden, dass vom Nullmeridian ausgehend alle Orte westlich je 15 Grad um einen Stunde zurückhängen und östlich eine Stunde voraus sind.

Erweiterung des Halbkugelmodells

Wenn man das Halbkugelmodell mit den Meridianbeschriftungen gruppiert und verankert, kann es um den Mittelpunkt gedreht werden. Dreht man das Erdmodell um die Nordpolachse, können gleichzeitige Uhrzeiten in den Regionen der Welt veranschaulicht werden. Dazu ist es aber sinnvoll, eine Karte in das Modell zu integrieren oder sogar die genauen Zeitzonen, die sich nach Ländergrenzen richten.

Mit Fachwissen die Wetterentwicklung beobachten lernen
(Kompetenzbereich[11] Erkenntnisgewinn)

Für die Wettervorhersage spielte die Wetterbeobachtung – lange bevor naturwissenschaftliche Zugänge genutzt wurden – eine bedeutende Rolle. Tradierte Erfahrungen (Bauernregeln) sind aber nicht allein durch naturwissenschaftlich begründetes Fachwissen zu ersetzen: die Auseinandersetzung mit Wolkenbildern zur Vorhersage ist ein wirklich komplexes Prognosesystem, welches vernetzte Naturwahrnehmungen erfordert. Deshalb ist es auch problematisch, *allein* durch typische Wolkenbilder Vorhersagen abzuleiten. Fünf Wolkenarten auf einer Schulbuchseite können als Fachwissen erlernt werden, aber nicht automatisch zum kompetenten Umgang mit Wettervorhersagen führen.

3.21: Zuordnungsaufgabe per Drag & Drop (Wolkenbild/Wolkenbezeichnung/ Wetterprognose)

Im Folgenden werden unterschiedliche, computergestützte Lernaktivitäten aufgezeigt, wie kompetenzorientiert Fachwissen vermittelt werden kann. Dabei werden Attribute der mediendidaktischen Konzeption Dischba (www.dischba.de) verwendet, um die Vorgehensweise einzuordnen.

Verschränkt man eigene Beobachtungen mit der computergestützten Arbeit durch Schülerfotos von Wolkenbildern, die leicht im Alltag mit dem Handy oder auch mit digitalen Fotoapparaten gemacht werden können, dann relativiert man die exemplarisch herangezogenen Wolkenbilder im Buch. Die konservierte Naturerfassung (Foto) kann mit Naturvereinfachung abgeglichen werden. Beobachtet man nach verschiedenen Wolkenbildern über einen Zeitraum hinweg die Wetterentwicklung, so bekommt man aus der Natur Rückmeldungen, die Zusammenhänge von Wolken und Wetterprognosen aufzeigen können.

Nutzt man die **vernetzte** Welt im Internet, so kann man nach verschiedensten Wolkenbildern recherchieren und wird dabei entdecken, dass Wolken nach der Höhe klassifiziert sind und nicht nach Erscheinungsform oder Prognosemöglichkeiten. Auch können die Schülerinnen und Schüler ihre Wolkenbilder sammeln und diese nach Kriterien ordnen.

Um digitale Werkzeuge **verbindlich** im Alltag zum Lernen zu nutzen, können eigene Lernsequenzen mit Wolkenbildern erzeugt werden. Dazu können die Lesson Activities (vgl. Kapitel 1.9) und einfache *Drag & Drop*-Aufgaben (siehe Abb. 3.21) über die Lehrkraft oder auch über die Lerngruppe erzeugt werden. Mit der Schulsoftware kann auch eine Präsentation der beobachteten Wetterphänomene der letzten Wochen erstellt werden. Dazu könnte ein Wetterbeobachtungsbogen in der Arbeitsumgebung bereitgestellt werden. Die zur Verfügung stehende Unterrichtszeit ist für solche Projekte natürlich oft zu knapp. Es empfiehlt sich daher, die weiterführende Arbeit über Projekttage oder eine „Wetter-AG" anzubieten.

Sich mit Hilfe von Atlaskarten in Satellitenbildern orientieren
(Kompetenzbereich[11] „sich orientieren")
Räumliche Orientierung ist der typische Kompetenzbereich im Schulfach Erdkunde. Diese Fähigkeit muss auch medial gefördert werden, indem im Zusammenspiel analoger Karten und digitaler Bilder der Erde Raumvorstellungen aufgebaut werden. Mittlerweile sind Satellitenbilder in hoher Qualität und mit großer Auflösung für jeden erreichbar. Insbesondere Google Earth bzw. Maps haben dabei bahnbrechende Entwicklungen hervorgebracht. Die Alternative Worldwind von der NASA, die für spezifische geografische Fragestellungen z.T. sogar besser geeignet ist, ist wenig bekannt geworden und wird zurzeit auch nicht fortentwickelt.

Praxis-Tipp

Mit dem Diercke Globus Online (www.diercke.de) von Westermann steht ein weiterer virtueller Atlas zur Verfügung, der den Vorteil einer didaktischen Aufbereitung bietet. Eine speziell für die Nutzung an digitalen Wandtafeln konzipierte Version ist ebenfalls erhältlich..

Lebensraum Küste: Satellitenbild als stumme Karte

Bremerhaven	Weser	Helgoland	Fördenküste
Kiel	Elbe	Fehmarn	Wattenküste
Bremen		Usedum	
Schwerin		Rügen	Buchten- bzw. Boddenküste
Lübeck		Nordfriesische Inseln	
Hamburg		Ostfriesische Inseln	

3.22: Stumme Karte Küstenraum

Sich orientieren im Lebensraum Deutsche Küste

Auf der Arbeitsoberfläche wird ein Satellitenbild des deutschen Küstenraumes zur Verfügung gestellt. Falls man dieses Bild aus einem der oben genannten virtuellen Globen herauskopieren möchte, dann kann dies mit der Screenshotfunktion der Schulsoftware sehr genau herausgelöst werden und wird automatisch in eine Folie eingefügt. Bitte beachten Sie in diesem Falle besonders die Urheberrechte und Lizenzen der jeweiligen digitalen Materialien. Das Abspeichern der Arbeitsdatei in einem Netzwerk und die Weitergabe an Kolleginnen und Kollegen ist in den meisten Fällen, abhängig von der erworbenen Lizenz, nicht zulässig. Zur Vermittlung von topographischem Überblickswissen und grober Orientierung in diesem Großraum tragen die Schülerinnen und Schüler auf der Basis der topographischen Angaben im Atlas Inhalte in das Satellitenbild ein. Die Auswahl der Inhalte für die entsprechende Lerngruppe entnimmt man den curricularen Vorgaben.

Zur allgemeinen Orientierung und eventueller Einarbeitung in die Inhalte des Satellitenbildes legen die Schülerinnen und Schüler eine Legende an, in der typisch erkennbare Phänomene (z. B. Siedlungsfläche, landwirtschaftliche Flächen, Wald) deutlich gemacht werden. Auch hier kann die Ausnutzung der Zoom-Funktion für genaueres Arbeiten herangezogen werden. In Abbildung 3.22 ist ein weiterer Schritt didaktischer Reduzierung vorgenommen worden: Die Schülerinnen und Schüler ziehen nur die Namen an die richtigen Örtlichkeiten. Diese Vereinfachung eignet sich auch als Lernerfolgskontrolle.

Praxis-Tipp

Für eine Lernerfolgskontrolle und als Übungsmaterial eignen sich besonders gut auch Vorlagen aus dem Lesson Activity Toolkit (Smart). Diese Vorlagen ermöglichen es, Materialien mit individuellen Rückmeldungen sowie mit Spielcharakter bereitzustellen. Sie motivieren Schülerinnen und Schüler ungemein. Da diese kleinen Module auch von den Schülerinnen und Schülern selbst erstellt werden können, bieten sie drüber hinaus Potenzial zum selbstorganisierten, selbstständigen Lernen.

Im kommunikativen Prozess ein Bild auswerten lernen
(Kompetenzbereich[11] Kommunikation)

In Bildern sind häufig interessante und erklärbare Sachverhalte versteckt, die aber subjektiv und häufig voreilig bewertet werden. **Kommunikation** zum Austausch und Vergleich dieser individuellen Wahrnehmungen und die Präsentation mit einander abgestimmter Beobachtungen und Erklärungen führt zur kompetenten Bilderschließung. In der vorbeifliegenden Medienwelt wird man verführt, Bilder nur kurz und damit schemenhaft, oberflächlich und sogar klischeehaft wahrzunehmen. Es ist z. T. lohnenswert, Alltagaufnahmen, die vermeintlich wenig aussagekräftig sind, genauer zu erschließen und dabei in größere geographische Zusammenhänge zu stellen.

Das in Abb. 3.23 ausgewählte Motiv ist ein Beispiel aus einem Schulbuch. Es soll die besondere Verkehrssituation zu Zeiten großer Messen in Hannover veranschaulichen. Die Erfahrung hat gezeigt, dass die Schülerinnen und Schüler die besondere Aussagekraft des Bildes bei ihrer üblichen Wahrnehmung des Bildes nicht erkennen. Sogar bei Lehrer-/Schülergesprächen musste stark auf die Lösung der zentralen Aussage des Bildes, dass der Verkehr auf einer autobahnähnlichen Straße nur in eine Richtung gelenkt ist, hingearbeitet werden. Mit kooperativen Arbeitsformen und unter Anwendung methodischer Erschließung von Luftbildern wird eine genaue Betrachtung herbeigeführt. Dabei helfen die digitalen Möglichkeiten, die Aussagen des Bildes zu entschlüsseln. Darüberhinaus müssen sich die Schülerinnen und Schüler intensiv in virtuellen Atlanten orientieren, um den genauen Aufnahmeort zu ergründen. Dabei erlangen sie Kenntnisse überräumliche Zusammenhänge, die über das konkrete Thema hinausgehen. Die Kurzerschließung des Bildes wird im Folgenden zusammengefasst.

3.23: Stau auf dem Messeschnellweg Hannover

Hervorheben von Inhalten:
- Visualisierung der Bildinhalte
- Vergrößerung einzelner Bildinhalte zur detaillierten Betrachtung
- Notizen zu beobachteten Hinweisen im Bild

Verknüpfung mit Hintergrundwissen durch:
- Nutzung virtueller Atlanten und Kartenanwendungen
- Nutzung der Schulatlanten

Zusammengefasste Bildaussagen:
- Autos fahren alle in eine Richtung
- Richtung Süden (Kassel) zur Messe
- Die dreispurige, linke Fahrbahn ist normalerweise die Gegenfahrbahn, da dort Straßenschilder in die andere Richtung aufgestellt sind. Nur vorübergehend (Messezeit) wurden die Fahrtrichtung geändert und zusätzliche Schilder aufgestellt.

- Bis zum Messegelände sind es noch etwa 1 Kilometer (nach Erkundung des Standortes des Fotografen durch Google Earth ermittelt).

Deutung: Das Bild ist morgens auf dem Messeschnellweg aufgenommen worden – von einer Brücke aus – etwas entfernt (200 m) vom vermeintlichen Standort (Teleobjektiv). Der Messeverkehr wird morgens nur zu Messe hin und wohl abends nur von der Messe weg gesteuert.

Reflexionskompetenz durch Medienvergleich am Thema Klima in Europa
(Kompetenzbereich[11] Beurteilung/Bewertung)

Hintergrundwissen, Kombinationsfähigkeit und methodisches Vorgehen sind Voraussetzungen für die Beurteilung von geografischen Inhalten. Die komplexe klimatische Situation in Europa regt Reflexionen auch in der Mittelstufe an. Die Verteilung des Klimas über die Erdoberfläche bzw. Atmosphäre ist fließend und nicht mit harten Grenzen zu definieren. Dennoch nutzt die Wissenschaft in Modellen klare Klimaabgrenzungen innerhalb ihrer Klassifikationen. Zum Teil sind solche Grenzen rein durch Mittelwerte von Temperatur und Niederschlag festgelegt, z.T. aber auch durch die Verbreitungsgrenzen bestimmter Vegetation.

Am Beispiel der Klimaregionen Europas können diese Vereinfachungen der Klimaeinteilung durch einen Medienvergleich von Film und Karte problemorientiert aufgegriffen werden. Eine im Schulbuch verwendete Karte (Abb. 3.24) geht von 6 Klimaregionen aus, wohingegen in einem gezeigten Film („Das Klima in Europa", vom FWU Institut für Film und Bild Grünwald, www.fwu-shop.de) von nur 5 Klimaregionen gesprochen wird. Der Sachtext im Buch und der Atlas ergänzen dazu Hintergrundinformationen.

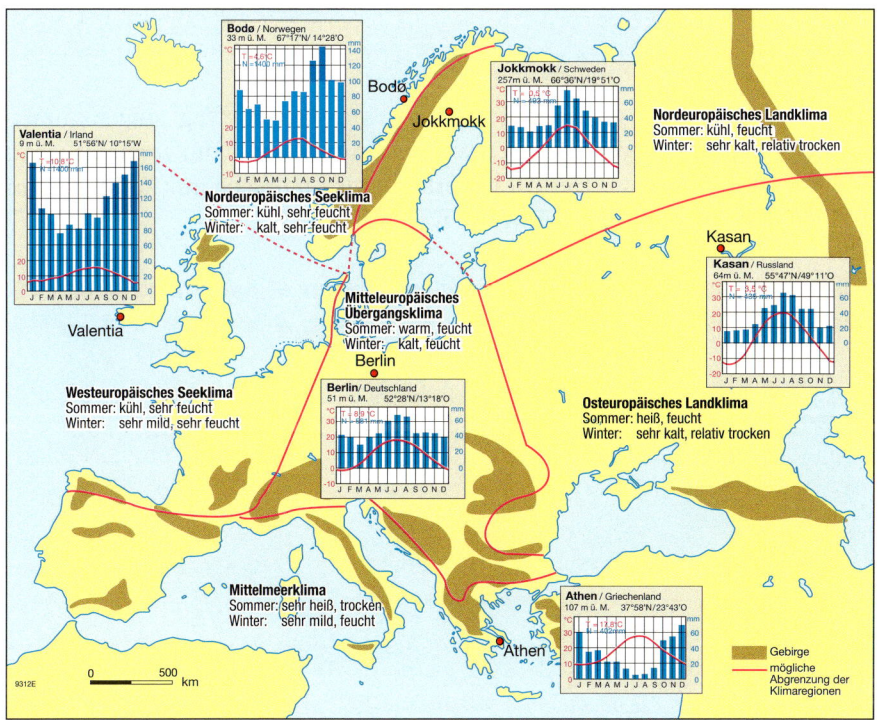

3.24: Das Klima in Europa (Kartenmaterial aus einem Schulbuch)

Arbeitsteilig wird der Film „Das Klima in Europa" mit Hilfe der Schulsoftware erschlossen. Im Film wird nach einer allgemeinen, kurzen Einführung von 5 Klimaregionen gesprochen. Davon ausgehend kann eine einfache Filmstrukturskizze (Abb. 3.25) die Klimaregionen verdeutlichen.

Grenzen können dabei nicht eingezeichnet werden. Die Klimaregionen auf der Karte im Erdkundebuch sind in 6 mit Linien abgegrenzten Regionen erfasst, die durch ein Klimadiagramm in der Karte repräsentiert werden. Als Einstieg können die Schülerinnen und Schüler auf einer Europakarte ihre Sommer- und Winterurlaubsorte einzeichnen. Aus den Vorerfahrungen können Eindrücke hinsichtlich des Klimas in diesen Gebieten gesammelt werden. Der Vergleich beider Klimaeinteilungen (Erdkundebuch und Film) wirft Fragen auf und fordert die Beurteilung der Unterschiede und Erklärungen dazu heraus.

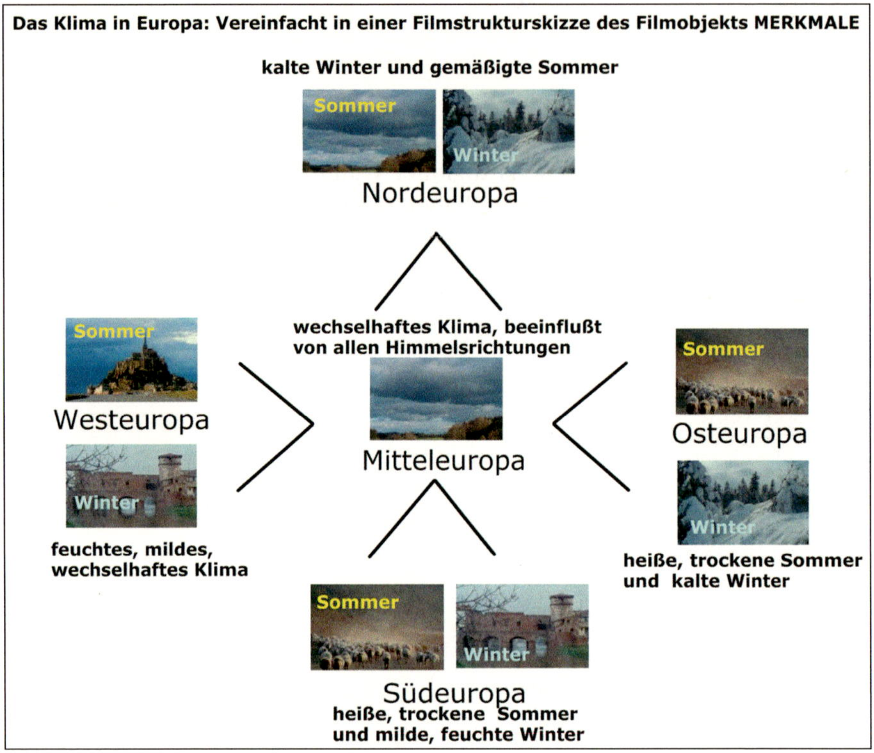
Das Klima in Europa: Vereinfacht in einer Filmstrukturskizze des Filmobjekts MERKMALE
kalte Winter und gemäßigte Sommer
Sommer
Winter
Nordeuropa
wechselhaftes Klima, beeinflußt von allen Himmelsrichtungen
Sommer
Westeuropa
Winter
feuchtes, mildes, wechselhaftes Klima
Mitteleuropa
Sommer
Osteuropa
Winter
heiße, trockene Sommer und kalte Winter
Sommer
Winter
Südeuropa
heiße, trockene Sommer und milde, feuchte Winter

3.25: Mit der Boardsoftware erstellte Filmstrukturskizze: Klima in Europa

10 Ausgewählte Unterrichtsbeispiele aus diesem Kapitel finden Sie auf der Internetseite zum Buch – entweder als Direkt-Download oder Link zu www.dischba.de.

4. Interaktive Whiteboards und Peripherie

4.1 Hard und- Software verschiedener Anbieter

 Die beste Möglichkeit, einen Überblick über unterschiedliche Hard- und Software der Anbieter digitaler Wandtafeln zu erlangen, ist das Internet. Aus diesem Grund haben wir für Sie auf unserer Internetseite unter angegebener Nummer eine ausführliche Linksammlung vorbereitet.

An dieser Stelle sei auf einige Kriterien und Besonderheiten hingewiesen, die hilfreich sind, eine passgenaue Auswahl aus der Angebotspalette für das jeweilige Medienkonzept ihre Schule zu bewirken.

Digitale Wandtafeln als didaktische Medien im Bereich der IuK-Medien

Da die Tafel an sich als Hardware und damit als klassische Ausstattung von Unterrichtsräumen und die Werkzeuge darauf vorwiegend mit Software bereitgestellt werden und damit differenzierten didaktische Kriterien folgen müssen, geht die Integration digitaler Wandtafel viel tiefer in die konzeptionellen Überlegungen einer Schule ein. Aus Sicht der Schule sollte man deshalb den Schulträger differenziert über die geplante Nutzung der digitalen Wandtafeln informieren, damit nicht mit unzulänglichen Kriterien alleine der Preis oder verwaltungstechnische Vorgaben dominieren. Abschreibungszeiträume von klassischen Schulmöbeln sind gewöhnlich mehr als doppelt so lang wie die Abschreibungszeiträume von Computerausstattungen (5 Jahre). Auch daran erkennt man die Notwendigkeit, herkömmliche und digitale Tafeln nicht mit den gleichen Kriterien zu bemessen.

Mobilität

Der Begriff *Mobilität digitaler Wandtafeln* erweckt hohe Erwartungen bei der alltäglichen Nutzung. Es ist erforderlich, dass man an dieser Stelle genau – und mit gemachten Erfahrungen – klärt, welche Vor- und Nachteile stationäre und mobile Tafeln haben. Aus der Sicht der Autoren sind fest installierte digitale Tafeln zu bevorzugen und nur unter besonderen, genau abzuklärenden Nutzungsbedingungen auch mobile Technologien empfehlenswert.

Tafelgröße

Die Tafeln werden in Anlehnung an die Entwicklung der Beamer-Formate größer, haben aber letztendlich ihre zweckmäßige Größenbegrenzung in der Erreichbarkeit durch die bedienende Person. Größer Projektionen, die durch mobile Geräte auf den Markt gekommen sind, sind in normalen Klassenräumen in der Regel nicht notwendig. Die exakte Bedienung, welche die fest installierten Tafelprojektionen leisten, ist auf der gesamten Fläche bei diesen Technologien nicht in der Qualität möglich.

Stifte

Stifte sind ein stark diskutiertes Thema. Die meisten digitalen Wandtafeln benötigen spezielle Stifte, ohne die die digitale Tafel nicht genutzt werden kann. Technologie, die auch die Fingereingabe ermöglicht, ist unabhängig von Spezialstiften. Auch die Geräusche der Stifte auf den Boards, die Genauigkeit und der Aufwand beim Ausrichten der Tafeln mit den Lichtpunkten des Beamers bzw. mit dem Stift sollten genauer beachtet werden. Auch die Frage, ob es bedeutsam ist, dass mehr als eine Person zugleich an der digitalen Wandtafel agieren kann, ist zu überdenken.

Bedienungselemente

Manche Hersteller haben die Bedienungselemente teilweise in die Tafeln direkt integriert, andere überwiegend mit der Software. Man sollte für die Schule entscheiden, welche Vor- und Nachteile dies mit sich bringt. Software kann z. B. leicht aktualisiert werden, Hardwareelemente nicht. Wie klar und übersichtlich sind die Bedienelemente angeordnet und erreichbar? Es ist auf jeden Fall eine besondere Herausforderung, aus nächster Nähe den Überblick an den Tafeln zu behalten. Auch in diesem Zusammenhang hat es deshalb Vorteile, wenn man die Oberfläche durch Software steuert, weil diese zu Hause am PC eingeübt werden kann.

Oberfläche

Dieses Thema wird von vielen Anbietern in den Mittelpunkt gestellt; besonders hinsichtlich der Robustheit und der Möglichkeit, darauf mit Whiteboard-Stiften zu schreiben. Letztendlich erfüllen alle Tafeln die Haltbarkeitskriterien und nur in Ausnahmen (z. B. in Werkstätten) könnte eine besonders harte Oberfläche ein Kriterium sein. Dabei sollte man beachten, dass die Präsentationstechnologie mit Beamern in Zukunft für Tafeln an Bedeutung verlieren wird, da Flachbildschirme mit bedienbaren Oberflächen und in Tafelgrößen schon auf den Markt drängen.

Höhenverstellbarkeit

Ein sicherlich wichtiges Thema, wobei immer berücksichtigt werden muss, dass Höhenverschiebung immer Kräfte erzeugt, die den Beamer-Aufbau in Schwingung versetzt. Da hier noch viel experimentiert wird und höhenverstellbare Boards noch nicht lange genug im Gebrauch sind, kann über die Haltbarkeit keine Aussage gefällt werden. Die Erfahrung hat gezeigt, dass auch nicht höhenverstellbare, stationäre digitale Wandtafeln mit Zeigestöcken gut bedient werden können. Erfahrungen mit Grundschulkindern und Mittelstufenkindern haben gezeigt, dass dies sehr flexibel und kreativ möglich ist. Voraussetzung ist dann allerdings eine Tafel, die ohne speziellen Stift bedienbar ist oder ein spezieller, tafeleigener Spezialzeigestock vorhanden ist.

Software

Der Software ist in diesem Buch eine besondere Bedeutung gewidmet worden, weil sie die eigentlichen didaktischen Werkzeuge bereitstellt. Die Einordnung der boardeigenen Software ist noch komplexer als die Hardware. In der mediendidaktischen Konzeption Dischba (www.dischba.de) findet man Kriterien für Schulsoftware, die sich darauf beziehen, dass die tafeleigene Software

- zur wichtigen Arbeitsoberfläche für den Unterricht werden soll,
- weltweit verbreiteten Standards für Bedienoberflächen und Funktionalitäten entspricht (z. B. Anlehnung an Office-Pakete),
- kostenlos über das Internet heruntergeladen werden kann und Updates zur Verfügung gestellt werden,
- von Schülerinnen und Schülern sowie allen Lehrkräften auch zu Hause genutzt werden darf und
- in ein mediendidaktisches Konzept eingebettet werden kann, in dem alle Medienarten (Text, Bild, Ton und Film) unterrichtsrelevant bearbeitet werden können.

Service

Bei digitalen Wandtafeln kann es in sehr unterschiedlichen Bereichen zu Servicebedarf kommen. Es handelt sich um ein Zusammenspiel verschiedener technischer Geräte (z. B. Board, Beamer, Computer usw.), die insgesamt nur mit funktionierender und verlässlicher Software sinnvoll nutzbar sind. In diesem Zusammenhang sollte man sich immer Informationen aus verschiedenen, neutralen Quellen heranziehen.

4.2 Peripheriegeräte

Der Einsatz von Zusatzgeräten eröffnet den Nutzern von interaktiven White-boards weitere interessante methodische Möglichkeiten im Unterricht. Wie bei allen Computern lassen sich auch an Whiteboardsystemen eine Vielzahl an Peripheriegeräten anschließen, die die Ein- und Ausgabemöglichkeiten des Rechners erweitern. Interessant ist in diesem Zusammenhang, dass einige Hersteller neben Whiteboards inzwischen auch spezielle digitale Unterrichtswerkzeuge als Zusatzgeräte zum entsprechenden Board anbieten. Für diese Peripheriegeräte sind Funktionen in der Boardsoftware angelegt, weshalb sich diese direkt aus der Software heraus ansteuern und bedienen lassen. Damit wird dem Nutzer der Umgang mit diesen Geräten sehr leicht gemacht.

Exemplarisch möchten wir hier einige digitale Zusatzgeräte vorstellen, die die Möglichkeiten des interaktiven Whiteboards für den Unterricht unserer Meinung nach sinnvoll erweitern können.

Visualizer

Auf den ersten Blick sehen sie aus wie kleine mobile Overheadprojektoren. Als Dokumentenkamera, Visualizer oder auch "Visual Presenter" werden sie angeboten und per USB-Kabel an den Rechner angeschlossen. Hinsichtlich der Funktionalität ähneln sie aber eher einem Episkop. Es handelt sich bei diesen Geräten um digitale Kameras, die mit einem Objektiv und einer Beleuchtung ausgestattet sind und spontane Aufnahmen im Klassenraum ermöglichen. Hierbei können Bilder, Skizzen, Texte, Buchseiten aber auch dreidimensionale Gegenstände erfasst, gezoomt und auf die digitale Wand-tafel projiziert werden. In der Unterrichtspraxis können so analoge Materialien an einer großen Tafel betrachtet werden. Dies bietet sich vor allem an, um auf Papier vorliegende schriftliche Arbeitsergebnisse von Schülerinnen und Schüler gemeinsam zu besprechen, z. B. nach Stillarbeitsphasen oder beim Vergleichen von Hausaufgaben. Ebenso können aber auch Realgegen-stände wie z. B. Blätter von Bäumen im Fach Biologie in Großaufnahme an der Tafel seziert und analysiert werden; eine sehr sinnvolle Methode, die die Arbeit mit Realia bei angemessenem Zeit- und Vorbereitungsaufwand er-möglicht. Mit ähnlicher Zielsetzung bietet sich in den Naturwissenschaften neben dem Visualizer auch der Einsatz von *digitalen Mikroskopen* am inter-aktiven Whiteboard an.

Auch dynamische Prozesse lassen sich mit dem Visualizer im Unterricht veranschaulichen. So kann beispielsweise der Umgang mit realen Werkzeugen wie dem Geodreieck oder dem Zirkel im Fach Geometrie „unter der Kamera" von einer Schülerin oder einem Schüler demonstriert werden. Einzelne Arbeitsschritte können dabei zur Dokumentation mit dem Visualizer als Foto festgehalten werden. Die Schülerinnen und Schüler können so eine wirklichkeitsnahe Einführung in den Umgang mit solchen Werkzeugen an der digitalen Tafel erhalten. Nicht zuletzt eröffnet die Dokumentenkamera den Schülerinnen und Schülern die Möglichkeit, im Unterricht gemeinsam vorbereitete Kurzpräsentationen visuell zu unterstützen – z.B. durch Skizzen oder Thesenpapiere, die sie vorher auf Papier erstellt haben, bzw. durch Schaubilder, die sie in Büchern zu ihrem Thema finden konnten. Schülerpräsentationen werden dadurch erleichtert.

Schülerfeedback-Systeme

Interaktivität im wahrsten Wortsinne versprechen Feedback- oder Votingtools, die für die beiden am weitesten verbreiteten Whiteboards als Zusatzgeräte unter dem Namen Promethean ActiVote oder ActivResponse bzw. Smart Response erhältlich sind. Die so genannten *Klicker* sind batteriebetrieben, ähneln äußerlich einer Fernsehfernbedienung und werden im Klassensatz samt passender Transporttasche vertrieben. Ein Empfänger wird ebenfalls mitgeliefert, welcher vor Einsatz per USB-Anschluss an den Whiteboardcomputer angeschlossen werden muss. Mit Hilfe der Boardsoftware kann die Lehrerin oder der Lehrer zu Hause oder direkt im Unterricht eine *Umfrage* erstellen, welche die Lerngruppe mit den Klickern beantwortet. Es stehen dabei verschiedene Umfrageformate zur Auswahl: Richtig-oder Falsch-Umfrage; Multiple Choice mit einer oder mehreren richtigen Antworten; Meinungsumfrage; Skalenumfrage; Eingabe einer Zahl; Eingabe von Wörtern und Sätzen u.a.m. Hier gibt es Unterschiede, die auch vom verwendeten Voting-System und Whiteboard abhängen.

Aus dem Tafelbild der Boardsoftware heraus kann eine erstellte Umfrage begonnen werden. Nachdem die Schülerinnen und Schüler ihre Klicker eingeschaltet und sich ggf. mit einer vorher von der Lehrerin oder dem Lehrer zugeteilten Kennung am System angemeldet haben, beantworten sie eine oder mehrere Fragen einer Umfrage per Tasteneingabe am Klicker. Das System gibt ihnen – wo möglich – individuell und unmittelbar Feedback, ob ihr Ergebnis richtig war. Am Whiteboard lässt sich nach Abschluss der Umfrage nachvollziehen, wie die Klasse insgesamt abgeschnitten hat. Für die Lehrkraft besteht zusätzlich noch die Möglichkeit zu überprüfen, wie der einzelne Schüler und die einzelne Schülerin die Fragen beantwortet haben.

4.1: Voting-System im Unterrichtseinsatz (Bsp.: Smart Response)

Sinnvoll in den Unterrichtsverlauf integriert kann der Einsatz von Feedback-Systemen dazu beitragen, dass die Lehrerin oder der Lehrer häufiger den Lernstand einer Lerngruppe mit relativ wenig Aufwand erhebt. Besonders für einfachere Prüfungsformate wie Vokabeltests, Hör- und Leseverstehensüberprüfungen oder Kopfrechenaufgaben eignen sich derartige interaktive „Klicker-Prüfungen" sehr gut, ganz abgesehen davon, dass es für Schülerinnen und Schüler sehr motivierend ist, mit den Klickern zu arbeiten und alle aufgefordert sind, aktiv am Unterricht mitzuwirken. Darüber hinaus können die personalisierten Umfrageergebnisse den Lehrerinnen und Lehrern wichtige diagnostische Hinweise geben, die sie zur individuellen Förderungen ihrer Schülerinnen und Schüler nutzen können.

Wireless Slate

Mit einem weiteren Zusatzgerät lassen sich Zeichnungen und Stifteingaben auf einer etwa DIN A4 großen Handtafel (engl. „slate" – Schiefertafel) mit einem speziellen Stift vornehmen. Da dieses Zusatzgerät per Funk an einen Computer angeschlossen wird, können die Schülerinnen und Schüler von ihrem Platz aus das Tafelbild gestalten, welches über einen Beamer vorn im Klassenraum dargestellt wird. In Integrationsklassen können die Slates lange Wege ersparen und so einigen Schülerinnen und Schülern die Arbeit „an der Tafel" überhaupt erst ermöglichen. Mit einem Slate kann die Boardsoftware aber auch *ohne* ein interaktives Whiteboard im Klassenraum zum Einsatz kommen. Deshalb sehen wir noch eine weitere sinnvolle Verwendung dieser Zusatzgeräte: Sie stellen in großen Räumen oder Aulen eine sinnvolle und kostengünstige Alternative zur digitalen Wandtafel dar, mit welcher auch größere Projektionsflächen als die lieferbaren Tafelformate bedient werden können.

Classmate-Computer

Aufgrund seines hohen Potenzials für den Unterricht mit interaktiven Whiteboards möchten wir an dieser Stelle noch auf ein digitales Lernwerkzeug verweisen, obwohl es sich nicht um ein Peripheriegerät im eigentlichen Sinne handelt. Seit kurzem werden Netbooks, d. h. kleine und preisgünstige Notebooks, speziell für die Anforderungen der Schule entwickelt. Besonders interessant für die Arbeit im Zusammenspiel mit digitalen Wandtafeln ist der von Intel entwickelte Classmate PC. Dieser bietet neben der Tasten- und Mauseingabe auch noch eine Stifteingabefunktion und ermöglicht das handschriftliche Arbeiten direkt auf dem Bildschirm – ähnlich dem interaktiven Whiteboard. So ist es möglich, dass Aufgaben, die für oder an der digitalen Tafel entwickelt wurden, in Einzel- oder Kleingruppenarbeit individuell bearbeitet werden. Ergebnisse lassen sich dann wiederum im Plenum an der digitalen Tafel vergleichen. Die Boardsoftware kann ebenso wie gängige Lernprogramme an diesen PCs bedient werden. Ein interner Lagechip bringt Dokumente beim Drehen des Geräts automatisch in das richtige Format und gleicht Größenprobleme der unterschiedlichen Bildschirme aus. Die einzelnen Classmate PCs lassen sich im Klassenraum per Funk miteinander vernetzten, so dass Daten während des Unterrichts leicht ausgetauscht werden können und kooperatives Arbeiten erleichtert wird. Die oben beschriebenen Schülerabstimmungen per Voting-System können auf diese Weise auch ohne Klicker direkt am Classmate PC durchgeführt werden. Dies sind nur einige Möglichkeiten, die ein kleiner internetfähiger Rechner in den Händen der Schülerinnen und Schüler im Klassenraum bietet. Viele weitere Lernszenarien sind mit einem derart leistungsstarken Lernwerkzeug im Klassenraum denkbar.

Praxis-Tipp

Viele Ihrer Schülerinnen und Schüler bringen tagtäglich moderne, digitale Werkzeuge unaufgefordert in den Unterricht mit. Eine Digitalkamera oftmals sogar mit Videofunktion; einen MP3-Player häufig sogar mit Rekorderfunktion u. v. m. Meist mit voll geladener Batterie und gelegentlich auch mit Internetzugang! An den meisten Schulen ist ihnen der Umgang mit diesen digitalen Werkzeugen aber untersagt. Wie sieht der Umgang mit *Handys, Spielekonsolen, MP3-Playern* und *Smartphones* an Ihrer Schule aus?

Wenn es gelänge, die Potenziale dieser elektronischen Werkzeuge für unseren Unterricht zu nutzen, wäre viel gewonnen. Die zunehmende Kompatibilität der Bild-, Ton- und Videoformate helfen uns dabei. So könnten Bilder für eine kreative Fotostory für die Bearbeitung am Whiteboard mit einer handelsüblichen Handykamera von den Schülerinnen und Schülern in einer Unterrichtsstunde erstellt und auf den Klassencomputer übertragen werden. Kleine Videoclips einer von Schülerinnen und Schülern gespielten Szene aus einem Drama könnten festgehalten und anschließend gemeinsam im Plenum mit Hilfe des Whiteboards besprochen werden. Kleine fremdsprachliche Dialoge könnten als MP3-Datei aufgenommen und der Klasse vorgespielt werden. Es lohnt sich also, Möglichkeiten der Arbeit mit schülereigenen digitalen Werkzeugen zu suchen. Es wäre schade, diese nicht für Lernprozesse zu nutzten.

Bildquellen

Gutenberg, U., Göttingen: 2.1, 2.2, 2.3, 3.20, 3.21, 3.22 (DLR Deutsches Zentrum für Luft- und Raumfahrt, Weßling, OT Oberpfaffenhofen), 3.23 (action press), Hamburg, 3.25 (FWU Institut für Film und Bild in Wissenschaft und Unterricht gemeinnützige GmbH, Grünwald); Iser, T., Hamburg: 1.1 (u. li.: J. Dobers, Walsrode, o. li. + o. re.: Indicavia, Oppenheim), 1.2 (u.: J. Dobers, Walsrode, o. li. + o. re.: Indicavia, Oppenheim),1.4 (Freier Redaktions-Dienst GmbH, Berlin), 1.5, 1.6, 1.7, 1.8, 1.9 (AP, Frankfurt/M.), 1.10, 1.11, 1.12, 1.13 + 1.14. + 1.15 (Imago, Berlin/euro-luftbild.de), 1.16 (MedienLB – Medien für Lehrpläne und Bildungsstandards GmbH, Gauting), 1.17, 1.18, 1.19, 1.20, 3.5, 3.6, 3.7, 3.8; Machate, C., Göttingen: 3.1, 3.2, 3.3, 3.4, 3.9 + 3.10 (MedienLB – Medien für Lehrpläne und Bildungsstandards GmbH, Gauting), 3.14, 3.15, 3.16 + 3.17 (akg-images, Berlin), 3.18 (B. Müller, Bartensleben), 3.19 (akg-images, Berlin); SMART Technologies (Germany) GmbH, Bonn: 4.1; Tschakert, A., Hannoversch Münden: 3.11 (S. Nolte, Braunschweig), 3.12, 3.13; Westermann Kartographie/Technisch Graphische Abteilung, Braunschweig: 3.24.

Textquellen

S. 56 Ludwig Uhland: Einkehr. Aus: So viele Tage wie das Jahr hat. 365 Gedichte für Kinder und Kenner. Gesammelt und herausgegeben von James Krüss. 10. Auflage der Neuausgabe von 1989. © 1959 bei C. Bertelsmann Jugendbuch Verlag, München
S. 58 Wolfgang Menzel: Wetterbericht. Aus: Praxis Sprache 7 R/G, Seite 38. © 2004 Bildungs-haus Schulbuchverlage, Braunschweig